TERRA
TERRA
Treat Better
Move Better

선 성 권
20

FIGHTERS
FIGHTERS
FIGHTERS
21
33

정
리
영
8
C 크린랩

재호
52

F
FIGHTERS
카카오페이증권

FIGHTERS
정근우
8

FIGHTERS
Wilson
카카오 페이증권

없던 프로야구의 시작!

Wilson
카카오페이증권
FIGHTERS

정근우의
야구말 나들이

정근우의 야구말 나들이

정근우 지음

비타북스

추천의 말

정근우는 내가 야단쳐도 되는 선수였다. 그 말은 함부로 해도 된다는 뜻이 아니라, 그만큼 더 크게 될 수 있다고 믿었다는 뜻이다. 힘든 훈련을 끝까지 버티고, 누구보다 많이 뛰고, 누구보다 먼저 움직이던 선수였다. 그런 정근우가 야구를 처음 접하는 사람들을 위해 책을 냈다는 것이 반갑다.

『정근우의 야구말 나들이』에는 야구 규칙만 있는 것이 아니라, 현장에서 부딪히며 배운 야구의 기본과 자세, 그리고 야구를 대하는 진심이 담겨 있다. 야구를 쉽게 알고 싶은 사람도, 제대로 알고 싶은 사람도 이 책을 읽으면 분명 도움이 될 것이다.

- 야신(野神), 김성근 감독

근우는 대학 시절부터 봐온 후배라 더 반갑고, 더 믿음이 가는 선수였습니다. 처음부터 화려한 말보다는 몸으로 보여주는 스타일이었고, 그 투지와 성실함은 선수 생활 내내 변하지 않았습니다.
이 책에도 그런 정근우의 장점이 그대로 담겨 있습니다. 『정근우의 야구말 나들이』는 야구를 처음 접하는 분들이 어려워하는 규칙과 용어를 친절하게 풀어주면서도, 실제 그라운드에서 느낄 수 있는 감각과 재미를 놓치지 않았습니다. 야구 입문자에게는 좋은 길잡이가 되고, 기존 팬들에게는 야구를 다시 보는 재미를 주는 책입니다.

- LG의 영원한 캡틴, 박용택

같이 있으면 장난칠 일이 많아 늘 웃게 되지만, 근우가 야구를 대하는 태도만큼은 언제나 진지합니다. 그래서 『정근우의 야구말 나들이』가 더욱 정근우답다고 느꼈습니다. 낯설고 어려울 수 있는 야구 용어와 규칙, 경기 흐름을 초보 팬 눈높이에 맞춰 쉽게 설명해 주고, 중간중간 들어간 경험담과 비하인드가 재미를 더합니다. 야구를 처음 좋아하게 된 분들은 물론이고, 야구를 오래 본 팬들도 "이래서 그 장면이 그렇게 보였구나." 하고 공감하며 읽을 수 있는 책입니다.

- 그라운드의 해결사, 이택근

근우와 저는 부산에서 자라며 서로 경쟁도 하고, 대표팀에서 함께 뛰며 소중한 추억도 쌓은 사이입니다. 오랫동안 지켜본 친구라서 자신 있게 말할 수 있습니다. 정근우는 그라운드 안팎에서 늘 에너지 넘치고, 하나를 하더라도 끝까지 파고드는 사람입니다.

『정근우의 야구말 나들이』도 꼭 그렇습니다. 야구 규칙과 용어를 쉽게 설명하는 데서 그치지 않고, 실제 경기에서 선수들이 어떤 생각으로 움직이는지, 어떤 포인트를 보면 경기가 더 재미있어지는지까지 잘 담아냈습니다. 야구를 처음 접하는 팬들에게 반갑고 든든한 안내서가 되어줄 책입니다.

- 조선의 4번 타자, 이대호

사실 저는 오래전부터 '야구 인생'에 대한 책을 꼭 한 번은 내고 싶었습니다. 단순히 추억을 나열하는 데 그치지 않고, 제 경험과 생각을 차분히 정리해 의미 있게 담아내고 싶어 오랫동안 고민해 왔습니다. 그러던 중 제 유튜브에서 'JKW NEWS_야구말나들이'라는 콘텐츠를 진행하며 좋은 기회를 얻어, 이렇게 책으로 인사드리게 되었습니다.

야구 책은 이미 많이 나와 있습니다. 하지만 처음 야구를 접한 분들, 이른바 '야구 새싹팬'들께 어떤 책은 어렵고, 또 어떤 책은 지나치게 전문적으로 느껴질 수 있겠다는 생각이 들었습니다. 그래서 이 책에는 야구의 기본 상식부터, 경기를 볼 때 알고 있으면 재미가 배가되는 여러 요소들까지 최대한 쉽게 풀어 담았습니다. 이 한 권을 통해 '경기 룰이 헷갈려 재미가 반감되는 순간'은 조금이라도 줄어들고, 야구가 한층 더 흥미롭게 느껴지길 바랍니다. 야구 새싹 여러분이 이 책을 계기로 야구 박사가 되시길, 그리고 무엇보다 야구를 더 사랑하게 되시길 진심으로 응원합니다. 많이 많이 읽어주세요. (웃음)

책을 쓰며 제 야구 인생의 여러 장면이 자연스럽게 떠올랐습니다. 우승했던 순간들, 황금 세대 선수들과 함께 뛰던 시간들, 시즌 막바지에 몸과 마음이 모두 버거웠던 날들까지. 그 모든 순간이 지금의 저를 만들었습니다. 그리고 그 시간들 곁에는 늘 함께해주신 지도자분들이 계셨습니다.

특히 김성근 감독님께 마음 깊이 감사드립니다. SK 와이번스 시절부터 한화 이글스에서 함께한 시간까지, 감독님과 보낸 나날은 제 야구 인생에서 빼놓을 수 없는 큰 배움이었습니다. 이 책에는 정근우라는 선수와 김성근 감독님 사이에서 오갔던 이야기들도 담겨 있습니다. 그 덕분에 저에게는 더욱 뜻깊은 기록이 되었습니다. 그리고 이 이야기들이 독자 여러분께도 현장의 온기와 진짜 야구의 얼굴을 생생하게 전해주길 기대합니다.

이 책이 여러분에게 야구를 더 가깝고 즐겁게 만들어주는 안내서가 되기를 바랍니다. 이제, 함께 야구 이야기를 시작해 볼까요?

CONTENTS

PART 1

야구장 첫 직관
생존 가이드

데빌쟁's Comment 44

PART 2

야구는 처음이라,
기본 규칙과 용어 정리

PART 3

알 듯 말 듯
중계진의 용어 해설

PART 4

헷갈리는 판정
쉽게 이해하기

[일러두기]

- 이 책에서는 KBO 리그 10개 구단을 서울에서 부산까지 이어지는 거리 순으로 배열했습니다.
  이는 이해를 돕기 위한 편의적 구성으로, 특정 기준에 따른 서열이 아님을 밝힙니다.
- 또한 이 책에 소개된 선수들은 출생연도를 기준으로 나이 순으로 배열했습니다.

PART 1
야구장
첫 직관
생존
가이드

만약 첫 직관을 앞두고 이 글을 읽으신다면, 가벼운 마음으로 야구장에 가도 된다고 말씀 드리고 싶습니다! 어느 선수를 좋아하고, 어느 팀을 좋아해서 열심히 응원하는 것도 좋지만, 그냥 맛있는 거 먹고 좋은 추억을 만든다는 느낌으로 즐기러 갔으면 좋겠어요.

 **경기의 기본 구성**

- **야구(Baseball):** 투수와 타자의 대결을 중심으로 공격과 수비가 번갈아 진행되는 팀 스포츠. 공격 팀의 타자가 수비 팀의 투수가 던지는 공을 쳐 1루·2루·3루를 차례로 돌아 다시 홈 플레이트로 들어오면 1득점을 기록한다. 수비 팀은 아웃을 잡아 상대의 득점을 막는다.

- **홈 팀/원정 팀(Home/Away):** 홈 팀은 경기가 열리는 해당 경기장을 전용 구장으로 사용하는 팀, 원정 팀은 다른 팀의 전용 구장으로 가서 경기를 치르는 팀. 홈 팀은 홈 플레이트를 기준으로 주로 오른쪽(1루 쪽)에 위치하며, 원정 팀은 왼쪽(3루 쪽)에 위치한다. 관중석도 구분되므로 응원하는 팀이 있다면 잘 살펴보고 앉아야 한다.

- **이닝(Inning):** 홈 팀과 원정 팀이 한 번씩 공격과 수비를 주고받는 경기의 기본 단위. '회(回)'라고도 한다. 한국 프로 야구(KBO 리그)의 정규 경기를 기준으로 한 경기당 9이닝을 진행하며, 동점일 경우 연장전으로 이어진다. 연장전은 11이닝까지로, 승부가 나지 않을 경우 무승부로 경기를 마무

리한다. 경기 중 특정 조건이 충족되는 경우, 9이닝을 모두 진행하지 않고 조기에 종료하기도 한다(콜드 게임, Called Game).

- **초(▲):** 원정 팀이 먼저 공격하는 절반 이닝. '1회 초'와 같이 쓴다.

- **말(▼):** 원정 팀의 공격이 끝나고 공수를 교대하여 홈 팀이 공격하는 절반 이닝. '1회 말'과 같이 쓴다. 야구는 일반적으로 후공이 유리하므로 홈 어드밴티지를 적용해 홈 팀이 말 공격을 한다.

- **스리 아웃(Three Outs):** 한 팀이 공격 시 아웃을 세 번 당한 상황. 스리 아웃이 되면 그 이닝이 종료되고, 공격과 수비가 교대된다. 즉, 한 이닝에서 한 팀이 공격할 수 있는 기회는 최대 스리 아웃까지다.

- **공수 교대(Change of Sides):** 공격 팀이 스리 아웃을 당하면 양 팀이 서로 공격과 수비를 바꾸는 일. 원정 팀이 9회 초 공격까지 마쳤을 때, 9회 말 경기 결과와 관계없이 승패가 결정된다면 공수 교대 없이 경기가 종료된다.

2 그라운드와 야구장의 구조

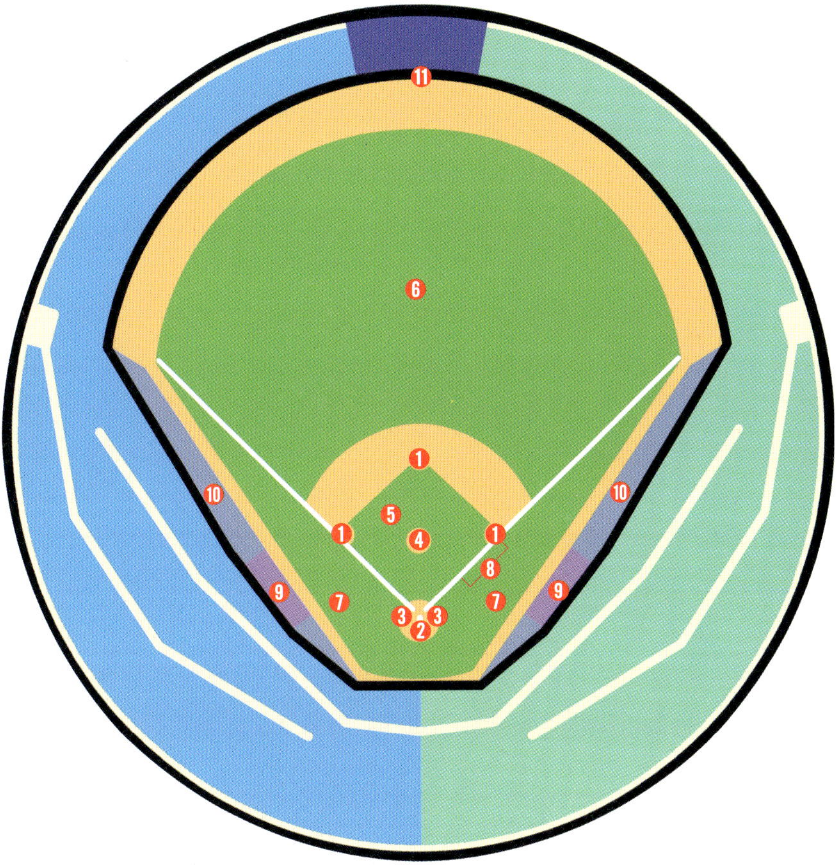

① **베이스(Base)**: 1루·2루·3루·홈 플레이트로 구성된 네 개의 꼭지점. 각 베이스 간의 거리는 27.43m로 규정되어 있다.

② **홈 플레이트(Home Plate)**: 타자와 주자가 득점을 위해 돌아와야 하는 기준점이 되는 베이스. 타자는 이곳에서 타격을 하고, 포수와 심판이 위치한다. 투수는 홈 플레이트를 향해 공을 던지며, 심판은 타자의 스트라이크 존을 기준으로 스트라이크와 볼을 판정한다. '홈 베이스', '홈', '본루'라고도 부른다.

③ **타석(Batter's Box)**: 타자가 공을 치기 위해 서는 공간. 홈 플레이트 양쪽에 네모난 박스 형태로 표시되어 있으며, 타자는 이 안에서만 타격을 시도할 수 있다. 왼손 타자는 홈 플레이트를 기준으로 1루 쪽의 타석에 서고, 오른손 타자는 3루 쪽의 타석에 서는 것이 일반적이다.

④ **마운드(Mound)**: 투수가 공을 던지는 작은 흙 언덕. 높이는 25.4~38.1cm로, 마운드로부터 홈 플레이트까지의 거리는 18.44m로 규정되어 있다.

⑤ **내야(Infield)**: 홈 플레이트를 기준으로 1루·2루·3루를 연결한 다이아몬드 형태의 구역. 내야에는 각 베이스와 마운드가 포함되며, 주로 땅볼 수비와 주자 견제가 이루어지

는 공간이다. 이곳에서 수비하는 선수들을 내야수라고 부른다. 파울·페어 판정, 병살 플레이 등 경기 규칙 적용에서 중요한 기준이 되는 구역이다.

⑥ **외야(Outfield):** 내야를 제외한 그라운드의 나머지 영역. 내야 잔디 바깥부터 외야 펜스까지의 공간을 말한다. 주로 뜬공 수비가 이루어지며, 좌익수·중견수·우익수가 외야수로서 이 구역을 담당한다. 외야의 넓이와 펜스까지의 거리는 구장마다 달라, 장타와 홈런 빈도 등 경기 양상에 직접적인 영향을 준다.

⑦ **파울 존(Foul Zone):** 플레이 가능 범위(페어 존, Fair Zone) 외 공간. 그라운드에 그려진 파울 라인 바깥의 지역을 말한다. 타자가 친 공이 곧장 파울 존에 떨어지거나, 내야에 떨어진 공이 1루 또는 3루 베이스에 닿거나 지나기 전에 파울 라인 너머로 굴러가면, 심판은 파울을 선언한다.

⑧ **스리 피트 라인(3 Feet Line):** 타자(주자)가 각 베이스 사이를 달려 출루(진루)할 때, 벗어나면 안 되는 3ft(약 91.44cm)의 공간. 타자(주자)가 수비수의 태그를 피하기 위해 이 공간을 벗어나면 '스리 피트 라인 아웃'으로 처리된다. 홈에서 1루로 향하는 길에는 스리 피트 라인이 그려져 있다.

⑨ **더그아웃(Dugout)**: 경기 중 선수들이 대기하는 벤치 공간. 홈을 기준으로 오른쪽과 왼쪽에 각각 위치해 있다.

⑩ **불펜(Bullpen)**: 투수들이 경기에 투입되기 전 몸을 푸는 구역. 투입 대기 중인 투수를 가리키기도 한다.

⑪ **펜스(Fence)**: 외야를 둘러싼 장벽. 최소 규격은 정해져 있으나, 경기장마다 펜스까지의 거리나 높이가 달라 경기 결과에 영향을 미치기도 한다. 인천SSG랜더스필드는 홈 플레이트에서 좌우 펜스까지의 거리가 95m로 비교적 짧아, 홈런이 자주 나오는 구장으로 꼽힌다.

좌석 추천

- **응원석**: 응원단장 및 치어리더와 함께 열렬한 팀 응원을 펼치는 구역. 목청 높여 응원가를 부르고 응원 동작도 취하면서 경기장을 온몸으로 즐길 수 있는 좌석이다. 홈 팀을 응원한다면 1루 응원석, 원정 팀을 응원한다면 3루 응원석에 앉는 것이 기본적인 관람 매너다.

- **내야석**: 홈 플레이트를 중심으로 1루와 3루 방향에 위치한 좌석. 투수와 타자의 승부, 수비수의 움직임 등 경기 전반을 고르게 볼 수 있는 구역으로 시야가 안정적이다. 경기

의 흐름을 이해하며 비교적 가까이에서 관람하고 싶은 사람에게 추천한다.

- **외야석**: 외야 펜스 인근에 위치한 좌석. 내야석에 비해 가격이 저렴한 편이다. 홈런 타구의 박력을 생생하게 느낄 수 있으며, 비교적 자유로운 분위기 속에서 경기를 관람할 수 있다.

- **테이블석**: 주로 내야석의 중앙부에 위치하며, 좌석 앞에 테이블이 있어 음식을 놓고 편하게 관람할 수 있는 구역. 가족 단위 또는 연인이나 친구와 함께 여유로운 관람을 원하는 경우에 적합하다. 다만 가격대가 비교적 높은 편이다.

- **가성비가 좋은 좌석**: 외야 자유석. 지정 좌석제가 아닌 선착순 착석 방식으로 운영되는 경우가 많아, 티켓 가격이 비교적 합리적으로 형성되어 있다.

Q. 야구 선수로서 경기하기 편한 구장이나, 경기하기 어려운 구장이 있나요?

야수(내야수와 외야수)로서 제가 경기하기 편했던 구장은 라팍(대구삼성라이온즈파크)과 문학(인천SSG랜더스필드)입니다. 라팍은 고지대에 위치해 있어서 타구가 잘 날아가는 타자 친화적인 구장이고, 문학은 어릴 때부터 오랫동안 선수 생활을 했던 구장이라 익숙하고 편한 느낌이 있어요. 아, 잠실(잠실야구장)은 경기장이 워낙 커서 안타는 잘 나오는데, 홈런을 치기는 힘든 곳이에요. 경기하기 어려웠던 구장은 광주 챔필(광주KIA챔피언스필드), 대전 옛 구장(전 한화이글스파크, 현 대전파이터즈파크), 고척(고척스카이돔)입니다. 챔필에서 경기를 하면 왠지 모르게 경기장이 뻥 뚫린 것처럼 느껴져서 수비할 때는 수비 범위가 넓어질 수밖에 없었고, 공격할 때는 타구가 잘 안 날아가는 느낌이었어요. 대전 옛 구장은 경기장의 라이트가 좀 어두운 편이라 타석에서 공이 잘 안 보였고요. 고척은 날씨의 영향을 안 받는다는 강점이 있지만, 아무래도 다른 구장에 비해 공기 순환이 원활하지 않기 때문에 냄새가 잘 안 빠지는 경향이 있습니다. 게다가 라이트도 약한 편이어서 경기할 때 조금 까다로웠죠. 그런데 2024년 메이저 리그 이벤트 경기 때 보니 라이트가 조정됐더라고요? 지금은 밝아져서 아주 좋습니다!

3   야구 선수의 포지션과 역할

- **포지션(position):** 각 선수들이 맡는 수비 위치를 말한다. 총 9명이 수비에 참여하며, 각각 고유의 역할이 있다.

Q. '악마의 2루수', '국가대표 2루수'라는 별명이 있을 정도로 '2루수' 하면 정근우 선수가 먼저 떠오르는데요. 개인적으로 어떤 포지션을 가장 선호하시나요?

선수 시절, 제 주 포지션인 2루수뿐만 아니라 1루수, 3루수, 유격수, 좌익수, 중견수, 우익수, 지명타자 등 투수와 포수를 제외하고는 모든 포지션을 경험했어요. 그래서 투수와 포수 외 각 포지션별로 어떤 점이 매력적인지, 또는 선수들이 겪는 고충이 무엇인지 다 알고 있죠.

그래도 그중에서 가장 좋아하는 포지션을 뽑으라고 하면 2루수입니다. 2루수로 가장 많이 활약하기도 했고, 내야의 중심 수비수로서 선수들과 소통하기도 원활하기 때문이에요. 사실 외야수로 그라운드에 서면 굉장히 외롭습니다. 외야로 오는 타구가 생각보다 많지 않아요. 외야수에게 가장 가까운 친구는 담장 너머 관중석의 팬들밖에 없어요. 그라운드 위 다른 선수들과도 소통이 잘 되지 않아서 정말 외

롭죠. 그래서 가끔은 잔디밭에 풀어놓은 똥개가 된 것 같다는 생각도
듭니다. (눈물)

① **투수(P, Pitcher, 1번):** 마운드 위에서 공을 던지는 선수. 수비의 시작점이라 할 수 있다.

② **포수(C, Catcher, 2번):** 홈 베이스를 지키며 타석 뒤에서 투수의 공을 받는 포지션. 경기장 전체를 바라보는 넓은 시야를 바탕으로 경기를 조율하며 수비의 사령탑 역할을 한다. '안방마님'이라는 별칭이 있다. 투수와 포수를 묶어 '배터리(Battery)'라고 부른다.

③ **1루수(1B, First Baseman, 3번):** 1루 베이스를 주로 수비하는 내야수. 다른 야수가 던진 공을 받아 1루에서 포스 아웃을 완성하는 역할을 가장 많이 수행하며, 송구되는 공을 안정적으로 포구하는 능력이 중요하다.

④ **2루수(2B, Second Baseman, 4번):** 1루와 2루 사이를 중심으로 수비하는 내야수. 넓은 수비 범위를 커버하며, 땅볼 처리와 병살 플레이에서 중요한 역할을 한다.

⑤ **3루수(3B, Third Baseman, 5번):** 3루 베이스를 주로 수비하는 내야수. 타구 속도가 빠른 경우가 많아 '핫 코너(Hot Corner)'라고 불리며, 강한 타구를 처리하는 반사 신경과 빠른 송구 능력이 요구된다.

⑥ **유격수(SS, Shortstop, 6번):** 2루와 3루 사이를 중심으로 수

비하는 내야수. 넓은 수비 범위를 커버하며, 땅볼 처리·병살 플레이·중계 플레이 등 다양한 상황에 관여한다. 빠른 판단력, 민첩한 움직임, 정확하고 강한 송구 능력이 모두 요구되는 포지션이다. 특히 2루수와의 연계 플레이가 중요해, 2루수와 유격수를 묶어 '키스톤 콤비(Keystone Combination)'라고 부른다.

⑦ **좌익수(LF, Left Fielder, 7번)**: 외야 왼쪽을 수비하는 선수. 빠른 타구 판단 능력과 3루 및 홈으로 이어지는 강한 송구 능력이 필요하다.

⑧ **중견수(CF, Center Fielder, 8번)**: 외야의 중앙을 수비하는 선수. 외야 수비의 중심 역할을 한다. 좌익수와 우익수 사이의 넓은 영역을 커버하며, 빠른 주력과 정확한 송구 능력이 요구된다.

⑨ **우익수(RF, Right Fielder, 9번)**: 외야 오른쪽을 수비하는 선수. 1루와 홈으로 이어지는 송구가 많아 강한 어깨가 중요한 포지션이다. 타구 처리와 함께 주자의 진루를 막는 역할을 맡는다.

- **지명타자(DH, Designated Hitter)**: 수비를 하지 않고 타격만 담당하는 선수. 투수 대신 타석에 들어서며, 경기 라인업에는

DH를 포함한 총 10명의 선수가 배치된다.

- **타자(Batter)**: 공격 팀에서 타석에 서서 투수가 던진 공을 치는 선수. 타격 결과에 따라 아웃되거나, 베이스로 출루해 주자가 된다.

- **주자(Runner)**: 타자가 출루한 이후 베이스 위(누상)에 있거나 베이스 사이를 달리고 있는 선수. 득점을 위해 다음 베이스로 이동한다.

- **야수(Fielder)**: 수비 팀에서 투수를 제외한 나머지 수비 선수들을 통칭하는 말. 타자가 친 공을 잡거나 주자를 아웃시키는 역할을 하며, 내야수(1루수·2루수·3루수·유격수)와 외야수(좌익수·중견수·우익수)로 나뉜다.

Q. 2루수 혹은 야수에게 가장 필요한 자질은 무엇인가요?

사실 포지션에 관계없이, 야구는 준비와 각도 싸움입니다. 그런데 요즘에는 준비와 각도에 대한 이해 없이 경기를 뛰는 선수들이 많이 보여서 참 안타까워요. 모든 선수들이 연결 동작에서 만들어지는 앵글(Angle)이 굉장히 중요하다는 점을 꼭 명심하면 좋겠습니다.

4 시즌 구조 이해하기

시즌 구조는 KBO 규정에 따라 변경될 수 있다. 이 책에서는 출간 시점을 기준으로 정규 시즌, 포스트 시즌, 와일드카드 결정전, 준플레이오프, 플레이오프, 한국시리즈로 나누어 소개한다.

- **정규 시즌(Regular Season)**: 각 팀이 리그 내 팀들과 정해진 횟수만큼 경기를 치러 순위를 가리는 시즌. KBO 리그에서는 팀당 144경기씩, 총 720경기를 치른다. 우천으로 경기가 취소될 경우, 추후 잔여 경기를 치른다.

- **포스트 시즌(Post Season)**: 정규 시즌이 마무리된 후, 상위 5개 팀들이 진출하는 토너먼트. '가을 야구'라고도 부르며 와일드카드 결정전, 준플레이오프, 플레이오프, 한국시리즈가 진행된다.

- **와일드카드 결정전(WC, Wild Card Game)**: 정규 시즌 4위 팀과 5위 팀의 경기. 총 2경기를 치르는데, 4위 팀은 1승 또는 무

승부만 해도 준플레이오프에 진출할 수 있으며, 5위 팀은 2 경기를 모두 이겨야 준플레이오프에 진출할 수 있다.

- **준플레이오프(준PO, Semi-Playoff)**: 와일드카드 결정전에서 승 리한 팀과 정규 시즌 3위 팀의 경기. 5전 3선승제로 승자가 결정된다.

- **플레이오프(PO, Playoff)**: 준플레이오프에서 승리한 팀과 정규 시즌 2위 팀의 경기. 5전 3선승제로 승자가 결정된다.

- **한국시리즈(KS, Korean Series)**: 플레이오프에서 승리한 팀과 정규 시즌 1위 팀의 경기로, KBO 리그의 최종 우승팀을 가 리는 챔피언 결정전. 7전 4선승제로 진행되며 정규 시즌 1위 팀의 홈구장에서 4번, 플레이오프 승리 팀의 홈구장에 서 3번 경기를 치른다.

Q. 정규 시즌과 비교했을 때 가을 야구(포스트 시즌)를 맞이 하는 마음가짐은 어떤 부분이 달랐나요?

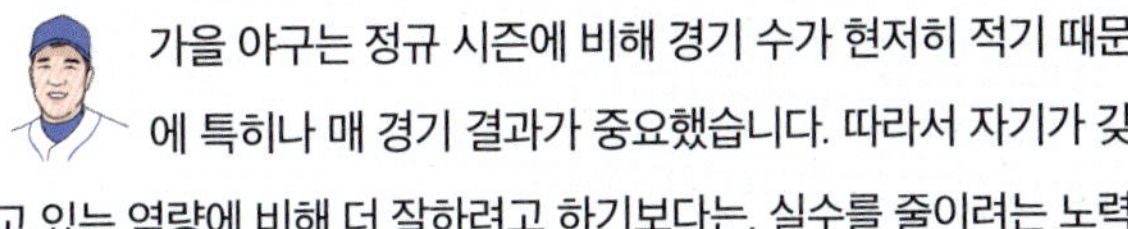

가을 야구는 정규 시즌에 비해 경기 수가 현저히 적기 때문 에 특히나 매 경기 결과가 중요했습니다. 따라서 자기가 갖 고 있는 역량에 비해 더 잘하려고 하기보다는, 실수를 줄이려는 노력

을 많이 했어요. 실수 하나가 변수로 이어져 결국 최종 결과가 달라질 수 있기 때문이죠. 개인의 기록보다는 팀의 승리를 위해 더 열심히 뛰어야 하는 게 바로 가을 야구입니다.

Q. 가장 기억에 남는 가을 야구는 언제인가요?

2009년 SK 와이번스에서 준우승했을 때를 잊을 수가 없습니다. '이런 게 바로 팀워크구나.' 하고 깨달은 해였거든요. 상대 팀이던 KIA 타이거즈는 베스트 멤버였어요. 그런데 당시 SK는 선발 투수 김광현(SSG 랜더스)과 공격형 포수였던 박경완 선수(현 LG 트윈스 배터리 코치) 등 팀의 주축 선수들이 부상으로 많이 빠진 상황이었습니다. 박경완 선수의 빈자리는 정상호 선수(현 롯데 자이언츠 배터리 코치)가 채웠지만, 아직 경기 경험이 많지 않았고요. 앞서 두산과의 플레이오프에서도 2패 후 3연승하며 극적으로 올라온 탓에 솔직히 걱정이 많았죠. 그럼에도 불구하고, SK 선수들이 하나로 뭉쳐서 7차전까지 접전을 이어가는 것을 보며 '팀이란 이런 거구나. 하나로 뭉치는 팀은 살아남을 수 있구나'를 느꼈습니다. 그래서 SK가 그다음 해에 압도적으로 우승을 하지 않았나 싶어요.

Q. 우승 경험에 대한 이야기도 들려주세요.

제가 참 우승 경험이 많은 선수예요. 한국시리즈 3회 우승(SK 와이번스 2007년, 2008년, 2010년), 2008년 베이징 올림픽 금메달, 2009년 월드 베이스볼 클래식(WBC) 준우승, 2010년 광저우 아시안게임 금메달, 2015년 WBSC 프리미어 12 우승 등 여러 차례 트로피를 들어 올렸죠.

그런데 사실, SK가 한국시리즈에서 우승했던 2007년부터 2010년 광저우 아시안게임에서 금메달을 땄을 때까지를 돌아보면, 우리가 선수 구성이 잘 짜여진 이미 완성된 팀이었기 때문에 우승하는 게 당연하다고 생각했던 거 같아요. 한 명도 빠짐없이 모든 선수들이 각자의 자리에서 너무 잘해줬거든요.

그런데 나이가 들고 프리미어 12에서 우승했을 때는 느낌이 조금 달랐어요. 팀이 완성되지 않았다는 느낌이 강했는데, 그럼에도 불구하고 오로지 팀워크로 만들어낸 우승이었거든요. (물론, 어린 시절의 우승 경험이 큰 도움이 되었죠.) 그래서 그런지 프리미어 12 우승은 정말 값지다는 느낌을 받았습니다. 그때 당시, 팀의 주장으로서 선수단에게 각자가 잘할 수 있는 것들에 대해서 최선을 다하자고 이야기했던 게 기억나네요.

그러고 보니, 요즘 우리나라 야구가 국제 대회에서 성적이 잘 안 나오고 있어요. 아무래도 팀이 잘 짜여 있을 때, 그 팀이 오래가고 성적도 잘 나오거든요. 일본 야구나 대만 야구만 봐도 홈런 타자, 발 빠른 타자, 좌완 투수, 우완 투수, 언더 투수, 포수 등등 선수들이 각자 위치에서 자신의 역할을 잘해주고 있는 게 눈에 띄더라고요. 우리 선수들도 각자의 자리에서 자신의 몫을 다해준다면 좀 더 좋은 성적을 낼 수 있지 않을까요? 대한민국 야구 국가대표 파이팅!

직관 준비물 리스트

- **기본 준비물**: 예매한 티켓(모바일 티켓 or 모바일 예매 내역서 or 출력한 예매 내역서), 응원 도구, 유니폼, 모자 등
- **개인 물품**: 휴지, 손 세정제 등
- **계절별 추천 준비물**

  봄/가을: 담요, 따뜻한 외투

  여름: 휴대용 선풍기, 선크림, 물티슈, 냉각 시트

  우천 대비: 비옷(경기장 내 우산 반입 금지에 관한 규정은 없으나, 우산을 쓸 경우 타인의 경기 관람을 방해할 수 있다는 점을 유념해야 한다.)

- **반입 금지 물품**: 병/캔 음료, 주류(경기장 내부 매점에서 판매하는 주류만 반입 가능하다.), 셀카봉, 드론, 대형 깃발 및 부피가 큰 응원 도구

Q. '이것만은 꼭 챙겨야 한다!' 정근우 선수만의 직관 필수 품이 있나요?

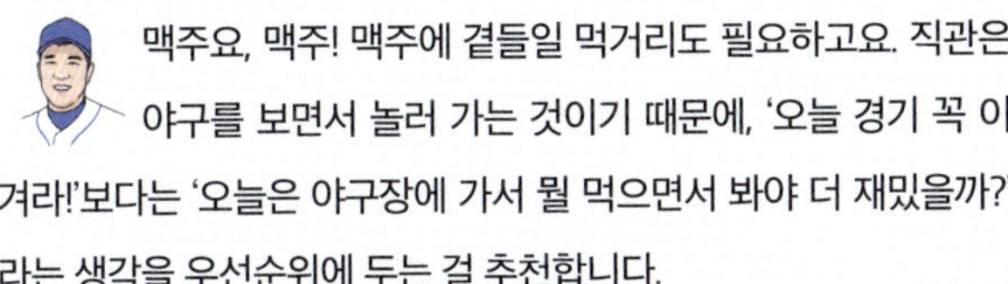

맥주요, 맥주! 맥주에 곁들일 먹거리도 필요하고요. 직관은 야구를 보면서 놀러 가는 것이기 때문에, '오늘 경기 꼭 이겨라!'보다는 '오늘은 야구장에 가서 뭘 먹으면서 봐야 더 재밌을까?' 라는 생각을 우선순위에 두는 걸 추천합니다.

사실 선크림이나 우비 이런 건 구장 근처에서 다 팔고 있기 때문에 크게 중요하지 않고, '어떻게 해야 야구를 더 재미있게 즐길 수 있을 까?'라는 생각이 우선되어야 합니다! 직관하러 가신다면 꼭 기억하세 요! 구장별 인기 먹거리를 사 먹고, 낮 경기가 끝나면 지역별 맛집을 찾아가고 그런 게 직관의 맛이죠~

 **야구장 먹거리 & 응원 문화**

구장별 대표 먹거리

- **잠실종합운동장(LG, 두산):** 잠실원샷 '크림새우 원샷', 통빱 '김치말이국수', 와팡 '한라봉셔벳 아이스팡', 명인만두 '모듬만두1세트(새우+갈비+고기+김치만두)'

- **고척스카이돔(키움):** 호시타코야끼 '네기 타코야끼(8알)+와사비마요 소스', 쉬림프쉐프 '크림새우', 육회바른연어 '안타세트(컵물육회+육회초밥 8p)'

- **인천SSG랜더스필드(SSG):** 스테이션 '크림새우', 버거원더스 '오리지널 치즈푸틴', 오레오츄러스 '아+츄'

- **수원KT위즈파크(KT):** 진미통닭 '후라이드', 보영만두 '쫄면+군만두', 전설의곱창 '불막창+컵밥'

- **대전한화생명볼파크(한화):** 농심가락 '쌀떡볶이', '농심메밀열무냉면', 친절한스낵바 '순대곱창볶음', 바로그집 '떡말순(떡볶이+김말이+순대)'

- **광주KIA챔피언스필드(KIA):** 마성떡볶이 '마성떡볶이', '찰순대', 인크커피 '야구공빵', '소금빵', '베이글', 자문밖 '살얼

음 김치 바람 국수'

- **대구삼성라이온즈파크(삼성):** 블루도그 '도리토스타코', 해피치
  즈스마일 '해치스세트(떡볶이+모듬튀김+탄산음료)', 알통떡
  강정 '알통 떡강정+콜라'
- **창원NC파크(NC):** 청도미나리식당 '미나리삼겹살도시락',
  BHC비어배트 '자몽맥주', '비어배트', 코아양과 '밀크셰이크'
- **부산사직종합운동장(롯데):** 금강만두 '충무김밥', '육개장', '찐
  만두', 소문난 주문진 막국수 '막국수', '수육', 동래라거 '생
  맥주(크러쉬)'

Q. 구장별로 추천하는 먹거리가 있나요?

직관으로 수원KT위즈파크, 고척스카이돔, 대전한화생명
볼파크, 잠실야구장 등에 가봤습니다. 사실, 처음에는 야구
를 보면서 음식을 먹는 게 익숙하지 않아서 낯설었어요. 그런데 맥주
는 정말 맛있었습니다! 선수 시절 팬분들이 맥주에 빨대를 꽂아서 드
시고 계신 모습을 볼 때마다 그 느낌이 참 궁금했는데요. 먹고 뿅 갔
습니다. 게다가 낮에 먹으니까 더 뿅 갔어요. (하트) 그런데 아쉽게도
맥주 외에 다른 먹거리는 거의 먹어보지 못했어요. 오히려 팬분들께
서 추천해 주시면 좋을 것 같습니다. 다음 직관 때는 어느 구장에서

무엇을 먹어야 할까요?

아, 경기장 밖의 맛집은 한 곳이 있어요. LG 트윈스에서 뛰던 시절, 경기가 끝나면 다 함께 밥을 먹으러 가곤 했는데요. (LG는 선수단이 함께 움직이는 문화가 있어 신기했습니다.) 잠실에 있는 그 식당은 경상도 어머니의 손맛이 느껴지는 맛집인데, 꼭 엄마가 해주는 집밥 같아서 아직도 기억에 남습니다.

야구장과는 조금 거리가 있지만 음식과 야구를 함께 즐길 수 있는 공간도 있더라고요? 프로 야구의 인기가 어마어마해진 만큼 티켓 구하는 게 어려워졌잖아요. 그래서 펍에서 중계 영상을 보면서 같이 야구를 즐기는 문화가 생겼다고 합니다. 만약 티켓을 구하지 못했다면, 이런 것도 참고해 보시면 어떨까요? 펍에서 맛있는 음식도 먹고 야구도 보고!

응원단장 & 치어리더

각 팀 응원단이 경기 내내 관중과 함께 응원을 주도. 팀마다 고유 응원가와 응원 방식이 있다. 응원 타이밍은 공격 시! 수비 시에는 응원을 자제하는 것이 경기 관람 매너다. 응원석은 매우 시끄럽고 흥겨우므로 조용한 관람을 원한다면 중앙지정석(테이블석)을 추천한다. (다만, 가격이 상당히 비싸다.)

Q. 인상적이었던 응원은 어떤 게 있을까요?

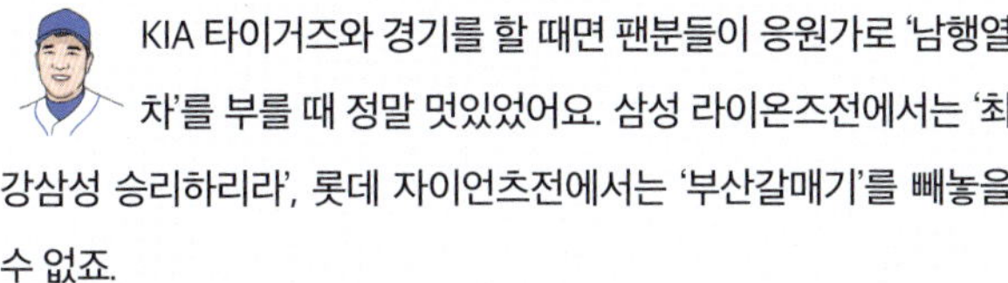

KIA 타이거즈와 경기를 할 때면 팬분들이 응원가로 '남행열차'를 부를 때 정말 멋있었어요. 삼성 라이온즈전에서는 '최강삼성 승리하리라', 롯데 자이언츠전에서는 '부산갈매기'를 빼놓을 수 없죠.

한화 이글스의 육성 응원도 소름 돋게 멋있습니다. 특히 큰 점수 차로 지고 있는 상황일 때 팬분들의 육성 응원이 정말 감동적이었죠. KBO 2014 시즌 한화 이글스의 마지막 홈경기에서 22대 1로 지고 있던 8회에, 팬분들께 너무나도 죄송스러웠는데, 끝까지 응원해 주시던 모습이 아직도 저의 뇌리에서 잊히지 않아요.

아, 지금 생각해도 눈물이 나는 응원도 있습니다. SK 와이번스 시절 승리송으로 들었던 '연안부두'요. "어쩌다 한 번~" (눈가 촉촉)

Q. 직관 경험을 떠올리면 어떤 점이 기억에 남나요?

직관하면서 보니 우리 팬분들이 매너 있게 응원하는 모습이 멋있었어요. 치어리딩에 맞춰 하나가 되어 열정을 쏟으며 응원할 때가 정말 인상적이었습니다. 다른 나라의 프로 야구에서는 볼 수 없는 우리만의 응원 문화가 참 매력적이었어요. 이런 점 때문에 야구 팬들이 야구를 더 좋아하게 되는 게 아닐까 생각했어요.

야구장에서 QR코드로 음식을 주문할 수 있다는 것도 놀라웠어요. 앉은 자리에서 편안하고 쉽게 음식을 주문해 먹을 수 있다니! QR코드로 주문하면 자리로 가져다준다는 게 참 놀라운 문화 아닌지요. 제가 살이 찐 이유가 다 이 QR코드 때문입니다. (입 삐죽)

7   야구장 에티켓 가이드

- **응원 매너:** 상대 팀 비하, 지나친 야유는 금지. 가능한 한 응원하는 팀 쪽의 관중석에 자리하는 것을 추천하며, 수비 시에는 상대방을 위해 조용히 관람하는 것이 예의이다.
- **촬영 에티켓:** 셀카봉 및 삼각대 반입 제한. 상업적 용도의 촬영은 불가하며 경기 중 시야 방해를 하면 안 된다.
- **기타:** 쓰레기 투기 금지. 주류는 구장 내 매점에서만 구매 가능(외부에서 구매한 주류는 반입 금지)하며, 자리 이동 시에는 공격이 끝날 때까지 대기하는 것이 예의이다.

Q. 선수 시절, 타석에서 큰일을 겪으실 뻔하셨다고 들었어요. 어떤 일이었나요?

아~ 아주 아찔한 일이 있었죠. 제가 한화에서 뛸 때 마산에서 NC 다이노스와 경기를 한 날이었습니다. 7회 초 타석에서 있는데 3루쪽 관중석에서 갑자기 맥주병(피처)이 날아왔어요. 다행히 맞지는 않았지만 정말 위험했습니다. 맥주병 외에도 물건을 투

척하는 경우가 엄청 많아요. 예전에는 10원짜리 동전이나 닭다리가 날아오는 일도 비일비재했습니다.

우리 사랑하는 야구 팬 여러분, 직관 가서 맥주와 맛있는 음식들을 먹으면서 재밌게 야구 경기를 즐기는 건 좋지만, 모두의 안전을 위해 과음은 자제 부탁드리겠습니다.

제가 은퇴하고 유튜브를 시작하면서 야구장 직관 체험을 해봤는데요. 와, 티켓팅 과정이 저한테는 굉장히 생소하고 또 어려웠습니다. 1년 내내 야구장을 찾는 마니아층을 위해 구단별로 연간 회원권, 시즌권 등이 마련되어 있기도 하고, 스카이박스, 테이블석, 바비큐 존 등 야구장 좌석별로도 티켓의 종류가 다양하다는 것과 티켓 구매 비용이 생각보다 비싸다는 점에서 놀랐습니다. 게다가 티켓 판매가 시작됨과 동시에 매진되는 경우도 많아서 티켓을 구하기가 쉽지도 않았고요. 야구를 보러 오기까지 이런 복잡한 과정을 거쳐야 한다는 것을 직접 경험하면서, '팬분들이 야구장에 찾아오시는 게 결코 쉬운 일이 아니구나.'라는 걸 느꼈습니다. 팬분들의 야구에 대한 진심 어린 애정에 다시 한번 감사하게 되는 순간이었습니다.

그리고 야구를 보는 입장에서, 일방적으로 한쪽이 우위를 차지하는 경기보다는 엎치락뒤치락하는 타이트한 경기

가 재밌더라고요. (응원하는 팀이 잘해서 한 잔, 못해서 한 잔, 한숨 쉬고 한 잔…. 맥주가 최고야!) 무엇보다도 경기장에 가서 내가 좋아하는 사람들, 친한 사람들과 같은 팀을 응원한다는 게 엄청 행복했어요.

만약 첫 직관을 앞두고 이 글을 읽으신다면, 가벼운 마음으로 야구장에 가도 된다고 말씀드리고 싶습니다! 어느 선수를 좋아하고, 어느 팀을 좋아해서 열심히 응원하는 것도 좋지만, 그냥 맛있는 거 먹고 좋은 추억을 만든다는 느낌으로 즐기러 갔으면 좋겠어요. 그러니까 야구 룰을 몰라도 돼요! 좋아하는 사람들과 즐거운 시간을 보내다가 자연스럽게 알게 되는 것도 좋지 않나요? 복잡한 야구 룰을 미리 공부해서 가기보다는 가벼운 마음으로 가서 물 흐르듯 자연스럽게 야구를 좋아하게 됐으면 하는 마음입니다.

PART 2
야구는
처음이라,
기본 규칙과
용어 정리

야구에서 자주 사용되는 용어들을 알면 알수록, 경기를 더 재밌게 볼 수 있는 게 사실입니다. 하지만 야구 새싹들에겐 수많은 용어들을 하나하나 공부하는 게 너무 복잡하게 느껴질 수 있고, 야구를 보기도 전에 재미가 반감될 수 있잖아요? 그러니까 야구를 처음 접할 때에는 그냥 조금 더 쉽게 접근하면 좋겠습니다! 생각만 해도 머리 아픈 전문 용어들은 잠시 한쪽으로 치워둬도 괜찮아요. 궁금한 게 생기면 바로 이 책을 펼쳐보면 되니까요!

경기 규칙 관련 용어

- **아웃(Out)**: 타자나 주자가 규칙에 따라 아웃 판정을 받아 공격이 중단되는 상태. 아웃이 세 번 누적되면 이닝이 종료된다. 아웃 판정은 태그 아웃, 포스 아웃, 삼진 아웃 등 여러 방식으로 이뤄진다.

- **세이프(Safe)**: 주자가 아웃 상황보다 베이스에 먼저 도착해 아웃 판정을 받지 않은 상태. 심판이 양팔을 옆으로 벌려 사인을 주거나 "세이프"라고 육성으로 선언하며, 주자가 진루에 성공했음을 의미한다.

- **무사(無死, No Out)**: 해당 이닝에서 아웃 카운트가 하나도 없는 상태. '무사 1루', '무사 만루'처럼 주자의 위치와 함께 사용되며, 공격 팀에 가장 유리한 상황 중 하나로 여겨진다.

- **태그 아웃(Tag Out)**: 수비수가 공을 잡은 상태에서 주자 몸에 직접 글러브나 손으로 공을 대어 아웃시키는 것. 주자가 베이스를 밟고 있지 않거나 다음 베이스로 진루 중일 때 적용된다.

- **포스 아웃(Force Out)**: 주자가 다음 베이스로 반드시 진루해야

하는 상황에서 수비수가 공을 잡은 상태로 해당 베이스를 먼저 밟아 아웃시키는 것. 주자가 베이스에 도착하기 전이면 주자를 태그하지 않아도 아웃이 된다. 예를 들어 무사 1루에서 땅볼이 나오면 타자는 무조건 1루로 출루해야 하고, 1루 주자는 무조건 2루로 진루해야 하는데, 이때 수비수가 공을 잡아 2루 베이스를 먼저 밟으면 주자는 포스 아웃이 된다.

- **삼진 아웃(Strikeout)**: 투수가 한 타자를 상대로 스트라이크를 3개 던져 아웃시키는 경우. 스트라이크는 타자가 스윙을 했으나 공을 맞히지 못했을 때, 또는 스윙하지 않은 공이 스트라이크 존을 통과했을 때 기록된다. 단, 스트라이크 아웃 낫 아웃 상황에서는 포수가 공을 제대로 포구하지 못하면 타자가 1루로 뛰어 출루할 수도 있다.

- **스트라이크 아웃 낫 아웃(Strikeout Not Out)**: 타자가 삼진 아웃당했으나 포수가 공을 놓치거나 포구하지 못해, 타자가 1루로 뛰어 세이프 될 수 있는 상황.

- **ABS(Automated Ball-Strike System)**: 사람이 아닌 자동 센서나 AI가 투수가 던진 공에 대해 스트라이크/볼 판정을 내리는 시스템. 일명 '로봇 심판'이라 불린다.

- **스트라이크 존(Strike Zone):** 타자의 무릎 위부터 가슴 아래, 홈
  플레이트 위 공간. 투수의 공이 이 구역을 통과하면 '스트
  라이크'로 판정된다. KBO 리그에서는 ABS가 이를 판정한
  다. 유명한 야구 밈 "네모 안에 공을 넣어!"가 바로 투수에
  게 스트라이크 존에 공을 넣으라는 의미이다.

- **풀 카운트(Full Count):** 타석에 선 타자가 볼 3개, 스트라이크 2개를 당한 상황. 전광판에 볼·스트라이크 표시가 모두 켜졌다고 해서 풀 카운트라고 한다. 이때 다음 투구 결과에 따라 타자는 삼진 아웃, 볼넷 출루, 혹은 인플레이 상황으로 이어진다.

- **프레이밍(Framing):** 포수가 투수의 공을 포구할 때 스트라이크로 보이게끔 미세하게 글러브를 움직이는 기술. KBO 리그에서는 ABS로 스트라이크/볼을 판정하므로 프레이밍이 불가능하다.

- **블로킹(Blocking):** 잘못된 송구 또는 투구로 인해 빠지는 공(폭투 등)을 포수가 몸이나 장비로 막아 주자의 진루를 방지하는 행동.

- **번트(Bunt):** 배트를 휘두르지 않고 대는 형태로 타격. 주로 주자를 진루시키기 위한 전략적 타격이다. 단, 한 타자가 동일 타석에서 번트를 세 번 시도해 모두 파울로 판정될 경우, 또는 투 스트라이크 이후 번트를 시도해 파울이 되었을 경우 아웃 처리된다. 이를 '스리 번트 아웃'이라 한다.

- **스퀴즈(Squeeze Play)**: 3루 주자가 홈으로 뛰는 동시에 타자가 번트를 시도해 점수를 내는 작전.

Q. 스퀴즈 작전은 프로 야구에서는 보기 힘들지만, 「불꽃야구」에서 고등학교 야구팀과 경기를 할 때면 빈번히 나오는 것 같아요.

감독 입장에서, 이기는 야구를 하려면 모든 수단을 써야 하니까 스퀴즈 번트는 고등부가 할 수 있는 전략적 선택 중 하나라고 생각합니다.

다만 선수 입장에서 생각해 보면, 솔직히 아쉬울 수 있어요. 타격 한 번을 위해 그동안 많은 연습을 했을 테고, 그 타석에서 마음껏 쳐보고 싶은 욕심도 분명히 있을 테니까요.

하지만 바로 그 지점에서 야구가 팀 스포츠라는 사실이 드러납니다. 선수 개인의 욕심은 잠시 내려놓고 팀을 위해 작전을 수행하는 것! 야구에서는 이 능력이 정말 중요하고 꼭 필요해요. 홈런만 잘 친다고 좋은 선수가 되는 건 아니거든요. 팀이 필요로 할 때 자기 역할을 해내는 선수가 결국 더 강한 선수랍니다.

- **희생타(Sacrifice Hit)**: 타자가 주자의 진루를 목표로 타격하는 플레이. 희생 번트, 희생 플라이 등이 있으며 팀을 위해 플레이하는 팀 배팅(Team Batting)에 속한다.

- **희생 번트(Sacrifice Bunt)**: 타자가 자신은 아웃되더라도 주자가 진루할 수 있도록 번트를 대는 플레이.

- **희생 플라이(Sacrifice Fly)**: 무사 또는 원 아웃 상황에서 외야 플라이 아웃(뜬공)이 되는 타구. 타자는 아웃되지만 주자가 한 베이스 진루하거나, 홈으로 들어와 득점할 수 있다.

- **리터치(Retouch)**: 외야 플라이 아웃 시, 주자가 다음 베이스로 진루하기 위해 원래 있던 베이스를 다시 밟는 플레이. '태그 업(Tag Up)'이라고도 부른다. 외야 플라이 볼이 잡히면 타자는 아웃되지만, 주자들은 리터치 플레이를 통해 다음 베이스로 진루할 수 있다. 만약 주자가 리터치하지 않고 진루하면 수비수가 해당 베이스를 밟아 주자를 아웃시킬 수 있다. 주자가 리터치 후 다음 베이스로 진루할 경우에는 수비수가 주자를 직접 태그해야 아웃 처리된다.

- **누의 공과(壘의 空過, Missing a Base)**: 주자가 진루 중 의무적으로 터치해야 할 베이스를 밟지 않고 지나가는 행위. 수비 팀이 어필하면 아웃이 선언되며, 어필하지 않으면 플레이는 인정된다. 편의상 '노 베이스(No Base)'라고 부르기도 하지만, 이는 공식 규칙 용어가 아닌 관용적 표현이다.

- **런다운(Rundown)**: 수비수가 베이스 사이에 낀 주자를 양쪽

에서 협공해 아웃시키는 상황.

- **송구(Throw):** 수비수가 공을 다른 선수에게 던져 보내는 플레이.

- **병살(Double Play):** 한 타석에서 두 명의 주자를 아웃시키는 수비. 병살 시 송구되는 루트를 따라 '6-4-3', '4-6-3' 등으로 부른다. 이때, 숫자는 포지션 번호를 의미한다.

- **6-4-3**: 송구 루트가 유격수(6) → 2루수(4) → 1루수(3)로 이어지는 병살. 타자가 친 공을 유격수(6)가 잡아 2루수(4)에게 송구하여 2루에서 주자 아웃, 2루수는 1루수(3)에게 송구하여 타자까지 아웃시키는 플레이를 말한다. 포지션 번호를 그대로 따서 '육사삼'이라고 부른다.

- **5-4-3**: 송구 루트가 3루수⑤ → 2루수④ → 1루수③로 이
  어지는 병살. 타자가 친 공을 3루수⑤가 잡아 2루수④에
  게 송구하여 2루에서 주자 아웃, 2루수는 1루수③에게 송
  구하여 타자까지 아웃시키는 플레이를 말한다. 포지션 번
  호를 그대로 따서 '오사삼'이라고 부른다.

- **4-6-3**: 송구 루트가 2루수⑷ → 유격수⑹ → 1루수⑶로 이어지는 병살. 타자가 친 공을 2루수⑷가 잡아 유격수⑹에게 송구하여 2루에서 주자 아웃, 유격수는 1루수⑶에게 송구하여 타자까지 아웃시키는 플레이를 말한다. 포지션 번호를 그대로 따서 '사육삼'이라고 부른다.

Q. 내야 수비의 핵심인 2루수로서, 더블 플레이 시 염두에 두어야 하는 점이 있나요?

 수비 연습을 할 때, 유격수나 1루수, 3루수 등 콤비가 되는 선수를 잘 파악해 둬야 합니다. 실전에서 콤비 선수의 움직임을 확인하고 행동하려면 이미 박자가 늦어버리거든요. 콤비끼리 한 몸인 것처럼 손발이 다 맞아야 더블 플레이를 할 수 있어요. 평소 '내가 이런 상황에서 이렇게 잡으면 다음은 어떻게 줄 것인지' 등 충분한 연습을 통해 서로에게 익숙해져 있어야 하고, 각자의 볼 던지는 습관이나 성향에 대해 알고 있어야 합니다.

- **삼중살(Triple Play):** 한 타석에서 세 명의 주자를 아웃시키는 아주 드문 수비.

- **벤치 클리어링(Bench Clearing):** 양 팀 선수들이 모두 그라운드로 뛰쳐나오는 충돌 상황. 주로 빈볼(보복구)이 원인이며, KBO 리그에서는 팀 내규에 따라 벤치 클리어링 상황에서 그라운드로 나오지 않는 선수에게 벌금을 물리기도 한다.

Q. 선수 시절, 벤치 클리어링을 무마하신 일화가 유명해요. 어떤 상황이었나요?

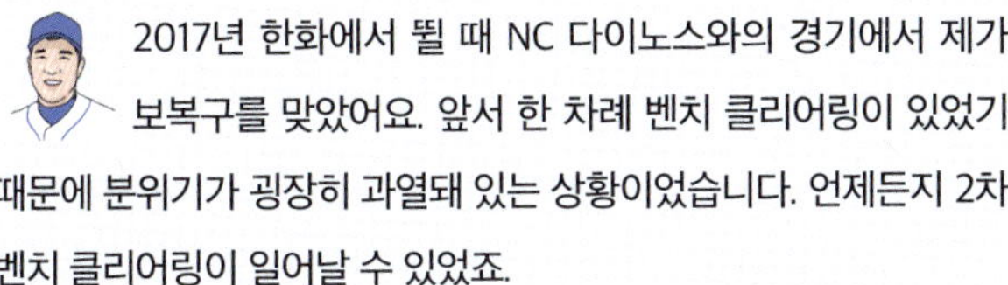

2017년 한화에서 뛸 때 NC 다이노스와의 경기에서 제가 보복구를 맞았어요. 앞서 한 차례 벤치 클리어링이 있었기 때문에 분위기가 굉장히 과열돼 있는 상황이었습니다. 언제든지 2차 벤치 클리어링이 일어날 수 있었죠.

사실 더그아웃에서부터 공에 맞을 것 같다는 느낌을 받았어요. 그래서 '공에 맞으면 어떻게 대처해야겠다' 하고 미리 충분히 생각하고 있었고, 정말로 공에 맞았을 때는 '아, 내 타석이라 다행이다!'라고 생각했습니다. 당시 한화는 김성근 감독님이, NC는 김경문 감독님이 지휘하셨는데 두 분이 서로 라이벌 관계셨지만 저와는 모두 인연이 깊은 분들이라, 일을 크게 만들고 싶지 않았어요. 그래서 더그아웃을 향해 괜찮다는 제스처를 취하며 1루로 걸어나갔죠.

그때 감정적으로 대처하지 않고 날카로워진 분위기를 진정시킨 덕분인지 8대 2로 기분 좋게 승리했습니다.

시간이 지나 돌아봐도, 벤치 클리어링은 일어나지 않는 게 가장 좋다는 생각이 듭니다. 그 순간은 뜨겁지만, 결국 남는 건 아무것도 없으니까요. (씁쓸)

- **VAR(Video Assistant Referee):** 중요 판정에 대해 비디오로 다시 확인하는 제도. 심판의 명백한 오심을 줄이기 위한 장

치로, 경기의 공정성을 높인다. KBO 리그에는 2017 시즌부터 도입되었으며, 2025년 8월 19일부터는 체크 스윙도 판독 대상에 포함되었다. 홈런, 아웃 여부 등 판정을 다시 확인하는 절차로 한 경기당 팀별로 2번씩 사용할 수 있으며 2번 모두 판정 번복에 성공했다면 한 번의 기회를 더 부여한다. 만약 연장전에 돌입하게 되면 팀당 1번의 기회를 더 얻는다.

- **고의사구(Intentional Walk):** 투수가 일부러 볼을 던져 타자를 1루로 내보내는 것. 또는 수비 팀 감독이 심판에게 고의사구 의사를 전하면 투구 없이도 타자가 바로 1루로 출루한다(자동 고의사구). 보통 강타자를 피하기 위한 전략으로 사용한다.

Q. 「불꽃야구」에서 고의사구로 출루하는 것도 여러 차례 볼 수 있었어요.

상대 팀에서 병살을 잡기 위해 전략적으로 고의사구를 내기도 하지만, 그렇지 않을 때 고의사구로 출루하게 되면 기분이 좋습니다! 잘 치는 타자, 위험한 타자로 인정받은 느낌이거든요!

- **콜 플레이(Call Play)**: 수비수 간 송구·처리를 누가 맡을지 사전에 정하는 약속된 플레이.

- **어시스트(Assist)**: 야수가 다른 야수를 도와 아웃을 완성하는 플레이. '보살'이라고도 부르며, 외야수가 홈으로 송구해 주자를 아웃시킬 경우 '홈보살'이라고 한다.

- **체크 스윙(Check Swing)**: 타자가 스윙을 시도하다 도중에 멈춘 행위. 배트 끝의 각도가 타석을 기준으로 90도를 넘으면 스윙, 넘지 않으면 노 스윙이며 심판이 스윙 여부를 판정한다.

- **실책(Error)**: 야수가 평범한 수비를 실패해 주자가 진루하거나 점수를 허용한 경우. 전광판에 'E'로 표기된다.

- **클리닝 타임(Cleaning Time)**: 경기 중 그라운드를 정비하는 시간. 보통 5회 말이 마무리된 후에 시행된다.

Q. 클리닝 타임에 선수들은 어떻게 시간을 보내나요?

클리닝 타임이 한 5분 정도 되는데요. 이때 선발 선수들은 땀도 닦고 목도 축이면서 좀 쉬고, 출전 대기 선수들은 몸을 풀러 가는 편입니다.

- **스윕(Sweep):** 한 팀과의 연속된 경기(보통 2~3연전)에서 모두 승리하는 것.

- **리버스 스윕(Reverse Sweep):** 한 팀과 5전 3선승제의 연속된 경기에서 먼저 2패를 한 팀이 나머지 경기를 전승해 역전 승하는 경우.

- **위닝 시리즈(Winning Series):** 한 팀과 3연전 이상의 경기에서 2승 이상을 거두는 것.

- **루징 시리즈(Losing Series):** 한 팀과 3연전 이상의 경기에서 2 패 이상을 당한 경우.

- **콜드 게임(Called Game):** 날씨, 시설 고장, 천재 지변 등 외부 요인으로 경기가 중단되고, 그 시점까지의 결과로 승패가 결정되는 경기. KBO 리그에는 우천(악천후) 콜드 게임 규정만 존재한다. 다만, 아마추어 야구에서는 기준 이닝까지 경기가 진행됐을 때 양 팀의 점수 차가 크게 벌어진 경우(5 회 종료 시 15점 차, 7회 종료 시 10점 차) 심판이 콜드 게임을 선언하고 경기를 종료하기도 한다.

- **노 히트 노 런(No Hit No Run):** 9이닝 동안 투수가 안타를 맞지 않고, 실점도 하지 않은 채 경기를 마치는 기록. 이때 'Run' 은 출루가 아닌 득점을 의미하므로 볼넷, 실책 등에 의한

출루가 있더라도 노 히트 노 런으로 기록된다.

- **퍼펙트 게임(Perfect Game):** 9이닝 동안 선발 투수가 한 명의
주자도 내보내지 않고 타자를 모두 아웃시키는 경기.

**Q. 「불꽃야구」에서 '퍼펙트 게임'이라는 대기록이 나왔어
요. 그때는 어떠셨나요?**

이대은 선수가 퍼펙트 게임을 이끌었죠! 그날 투구 컨디션
이 좋았는데, 김성근 감독님께서는 중간에 투수를 교체하
려고 하셨어요. 그런데 대은이가 끝까지 하려고 했고, 저뿐만 아니라
여러 선수들이 함께 대은이가 계속 던질 수 있도록 감독님께 어필해
서 결국 감독님도 오케이 해주셨죠.

사실 그날 저는 부상 때문에 경기에 출전하지 못했기 때문에 제가 해
줄 수 있는 건 그렇게 힘을 실어주는 것밖엔 없었어요. 솔직히 말해
서, 한편으로는 선발이 아니라서 다행이라는 마음도 있었습니다. 이
런 상황에서는 '내 수비 실책으로 기록이 깨지면 어떡하지' 하는 불안
한 생각도 들거든요.

아, 그리고 이런 중요한 기록이 있을 때는 일부러 다들 언급을 안 해
요. 얘기하면 꼭 기록이 깨지더라고요.

퍼펙트 게임, 다시 생각해 봐도 그런 경기를 직접 볼 수 있었던 건 정
말 큰 행운이었습니다.

2 선수 구성 관련 용어

- **선발(Starting Lineup):** 경기 시작 시 먼저 투입되는 10명의 선수. 이때 투수는 '선발 투수'라고 부른다.
- **타순(Batting Order):** 타자가 타석에 들어서는 순서. 1번~9번으로 구성되며, 경기 시작 전 해당 순서를 노래(라인업 송, Lineup Song)로 부르는 응원 문화가 있다.

Q. 경기 라인업에서 주로 상위 타선에 위치하는데, 개인적으로 선호하는 타순이 있나요?

상위 타선을 선호합니다. 특히 1번 타자를 좋아해요. 기선 제압처럼 첫 타자가 느끼는 감정들이 있는데, 제가 타석에서 느낀 것들을 더그아웃에 전달해 주는 걸 아주 좋아합니다.

사실 팀에서 상대 팀 투수에 대해 전력 분석을 다 하고 타석에 들어가지만, 투수의 컨디션에 따라 그날그날 다를 수 있거든요. 그러면 1번 타자로서 타석에 들어서서 내가 느낀 모든 것들, 가령 '우리가 준비한 대로 나온다', 아니면 '투수가 폼이 어떻게 바뀌었다' 등을 다음 타선에 전해주는 역할을 하는 게 좋았습니다.

국제 대회에 나가면 1번 타자의 역할이 더 중요해지는데요. 상대 팀 투수의 스타일을 빠르게 캐치해서 '아, 이 선수는 어느 선수와 비슷하다' 하고 알려줘야 해요. 구속이나 제구력, 공의 무브먼트, 팔의 각도 등 디테일한 부분들이 어떤지 비교해서 전달해 주면 아주 좋습니다.

- **상위 타선**: 1~3번 타자. 출루율이 높은 선수를 배치한다.

- **중심 타선**: 4~6번 타자. 상위 타선이 출루했을 경우 이들을 홈으로 불러들여 점수를 낼 수 있도록 장타력이 있는 선수를 배치한다.

- **하위 타선**: 7~9번 타자. 수비형 선수의 비중이 높다.

- **테이블 세터(Table Setter)**: 1, 2번 타자. 출루율이 높은 타자들로, 마치 밥상을 차리듯이, 중심 타선 앞에서 팀의 득점 기회를 준비하는 선수를 의미한다.

- **클린업 트리오(Cleanup Trio)**: 3, 4, 5번 타자. 타선의 핵심으로 팀의 득점을 책임지는 선수들이다. 테이블 세터가 출루했을 경우 득점으로 연결될 수 있도록 장타력과 해결력을 가진 선수로 구성된다.

- **좌타자(Left-Handed Batter)**: 왼손잡이 타자로, 포수의 오른쪽 (1루 쪽)에 서서 타격한다.

- **우타자(Right-Handed Batter):** 오른손잡이 타자로, 포수의 왼쪽(3루 쪽)에 서서 타격한다.

- **좌완 투수(Left-Handed Pitcher):** 왼손으로 공을 던지는 투수.

- **우완 투수(Right-Handed Pitcher):** 오른손으로 공을 던지는 투수.

- **투타 겸업:** 투수와 타자를 모두 수행하는 선수. 미국 프로 야구(메이저 리그) LA 다저스에서 활약하고 있는 오타니 쇼헤이가 대표적인 투타 겸업 선수이다.

- **배터리(Battery):** 투수와 포수를 묶어 일컫는 말.

- **키스톤 콤비(Keystone Combination):** 2루수와 유격수를 묶어 일컫는 말. 두 선수의 연계 수비가 아주 중요하며, 내야 수비의 중심축이다.

Q&A

Q. 그동안 '키스톤 콤비'로 합을 맞춰봤던 선수들 중에 어떤 선수와 가장 잘 맞았나요?

프리미어 12에서 키스톤 콤비로 뛰었고 「불꽃야구」에서도 함께한 김재호 선수와의 합도 좋았지만, 사실 진만이 형(삼성 라이온즈, 박진만 감독)과의 합이 가장 잘 맞았습니다. 물 흐르듯 흘러가는 플레이들이 많았어요.

영건(Young Gun, 실력과 잠재력을 갖춘, 앞으로가 더 기대되는 젊은 선수) 중에서는 현인이(KT 위즈, 류현인 선수), 상우(KT 위즈, 임상우 선수)도 좋았죠. 현인이랑 상우는 비슷하면서도 다른 느낌이 있는데요. 처음 만났을 때 현인이는 공격과 수비가, 상우는 공격과 주루 플레이가 완벽한 친구였습니다. 현인이는 내야수, 유격수로서 가지고 있는 각을 잡는 능력치나 바운스를 맞추는 능력치가 굉장히 좋았어요. 수비수의 역할을 습득하는 센스가 뛰어났죠. 상우는 타격이나 주루 플레이에 대한 능력치는 좋은데, 솔직히 수비는 「불꽃야구」에서 김재호를 만나기 전까지는 조금 부족한 면이 있었고, 본인만의 플레이가 없다는 느낌이었어요.

그런데 이제 둘 다 KT 위즈에 입단해서, 현인이는 군 복무를 마친 뒤 복귀하고 상우는 신입으로 만나게 되는데 지금부터가 진짜 승부지 않을까 싶네요. 누가 더 나은지에 대한 평가는 팀 내부에서 하겠지만, 저는 두 선수 모두 경쟁을 통해 1군에서 살아남으면 좋겠습니다. 아, 상우가 「불꽃야구」에서 아름다운 방출을 당하기 전에 유격수로서 그림이 너무 좋아졌어요. 그리고 군 복무 기간 동안 상무에서 뛴 현인이도 폼이 좋다더라고요. 앞으로 두 선수가 KBO 리그에서 재밌는 그림을 잘 만들어주면 좋겠습니다.

- **대타(Pinch Hitter):** 원래 타자 대신 타석에 들어가는 선수.

- **대주자(Pinch Runner):** 이미 출루한 선수를 대신해서 투입되며 주루 플레이를 대체하는 선수. 빠른 발로 승부를 봐야

하는 상황에서 투입한다.

Q. 선발에서 교체당할 때는 어떤 생각을 하시나요?

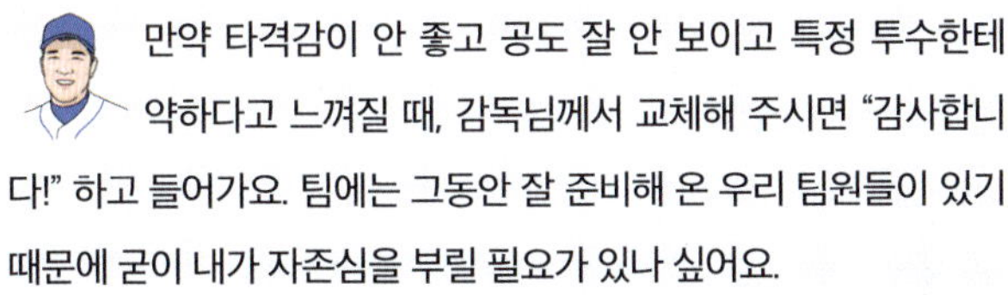

만약 타격감이 안 좋고 공도 잘 안 보이고 특정 투수한테 약하다고 느껴질 때, 감독님께서 교체해 주시면 "감사합니다!" 하고 들어가요. 팀에는 그동안 잘 준비해 온 우리 팀원들이 있기 때문에 굳이 내가 자존심을 부릴 필요가 있나 싶어요.

- **동점주자(Tying Run)**: 점수 차가 있을 때, 홈으로 들어온다면 동점을 만들 수 있는 주자.

투수 관련 용어

- **제구(Control):** 투수가 원하는 위치에 공을 던지는 능력.

- **견제(Pickoff):** 주자의 도루를 막기 위해 투수가 타석이 아닌 베이스로 공을 던지는 것.

- **폭투(Wild Pitch):** 투수의 제구가 흔들려 포수가 잡기 어렵게 옆이나 위로 빠지는 공. 포수가 공을 빠르게 잡지 못하면 주자는 그 사이에 진루할 수 있다.

- **스트라이크(Strike):** 투수가 타석을 향해 던진 공이 스트라이크 존에 들어가거나 타자가 헛스윙을 한 경우. 또는 타자가 친 공이 파울이 됐을 경우에도 스트라이크 카운트가 올라간다. 단, 이미 투 스트라이크를 기록하고 있다면 파울볼은 더 이상 스트라이크로 카운트되지 않는다.

- **볼(Ball):** 투수가 타석을 향해 던진 공이 스트라이크 존을 벗어난 경우.

- **볼넷(Base on Balls):** 투수가 한 타자를 상대할 때 볼이 4개 누적되어 타자가 1루로 출루하는 경우. 연속으로 볼 4개를 던졌을 때는 '스트레이트 볼넷'이라고 부른다. 볼넷 상황에

서 이미 1루에 주자가 있다면 해당 주자는 타자에게 1루를 내어주고 2루로 진루한다(밀어내기).

- **몸에 맞는 공(Hit by Pitch):** 투수가 던진 공이 타자의 몸이나 유니폼 등에 맞는 경우. '사구(死球)', '데드볼(Dead Ball)'이라고도 부르며 타자는 1루로 출루할 수 있다. 다만 심판이 판단했을 때 타자가 일부러 공에 맞으려 한 경우는 몸에 맞는 공을 선언하지 않는다. 몸에 맞는 공이 나왔다면, 투수가 모자를 벗고 타자에게 사과하는 것이 경기 매너이다.

Q. 몸에 맞는 공은 실제로 얼마나 아픈가요?

 어떤 선수가 어떤 공을 던지느냐에 따라 더 아프고 덜 아픈 게 있어요. 보시는 분들께는 잘 전달되지 않겠지만, 묵직한 공에 맞으면 진짜 아픕니다.

그런데 사실, 「불꽃야구」를 할 때면 아픈 공에 맞아도 행복해요. 이 나이에도 야구를 하고 있으니까요. 그래서 「불꽃야구」에서 몸에 맞는 공 상황이 발생하면 파이터즈 선수들이 "감사합니다!" 하고 맞으라는 거예요. (웃음)

- **삼자범퇴(Three Up, Three Down):** 한 이닝에서 상대 팀의 세 타자를 출루 없이 모두 아웃시켜 공수 교대를 하는 경우.
- **구종(Pitch Type):** 투수가 던지는 공의 종류. 포심 패스트볼, 커브, 슬라이더, 스플리터, 체인지업 등 다양한 투구 방식이 있다. 주로 '직구 계열'과 '변화구 계열'로 구분한다.

직구 계열

- **직구(Fastball):** 투수가 가장 빠른 구속으로 던지는 기본 구종의 통칭. 회전축이 비교적 단순하고 타자 쪽으로 곧게 날아오는 성질이 강하며 다른 구종들의 기준점이 되는 공이다. '직구'는 '곧게 날아오는 공'이라는 뜻이지만, 사실은 '빠른 공'을 뜻하는 '패스트볼'의 의미로 사용된다. 일본 야구 문화의 영향을 받아 직구라는 표현이 정착되었다.
- **포심 패스트볼(Four-seam Fastball):** 가장 전통적이고 전형적인 직구로, 투수가 공의 실밥 네 군데를 잡고 던지는 것. 그립을 똑바로 잡고 던지기 때문에 공이 휘지 않고 빠른 볼 그대로 날아간다. 투수의 최고 구속이 드러나며 가장 안정적인 회전을 가진 공이다.

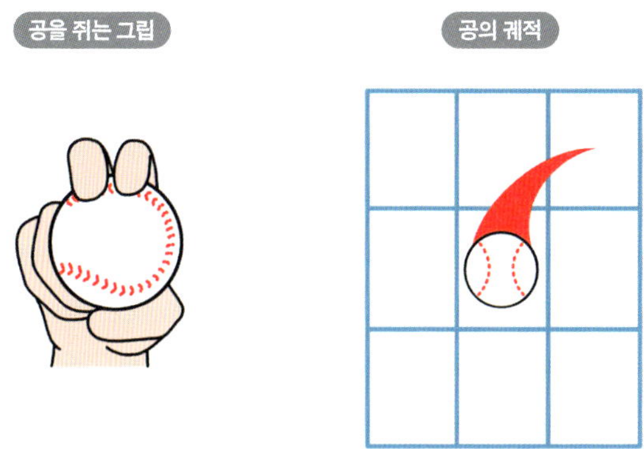

• **투심 패스트볼(Two-seam Fastball):** 투수가 공의 실밥 두 군데를 잡고 던지는 공. 포심 패스트볼보다는 구속이 약간 느리며, 타자의 몸쪽으로 말려 들어오는 움직임이 특징이다. 투수로서는 타자가 땅볼을 치도록 유도하는 데 유리한 공이며, 타자는 타격 시 공이 타자의 발에 맞는 경우가 많으므로 유의해야 하는 공이다.

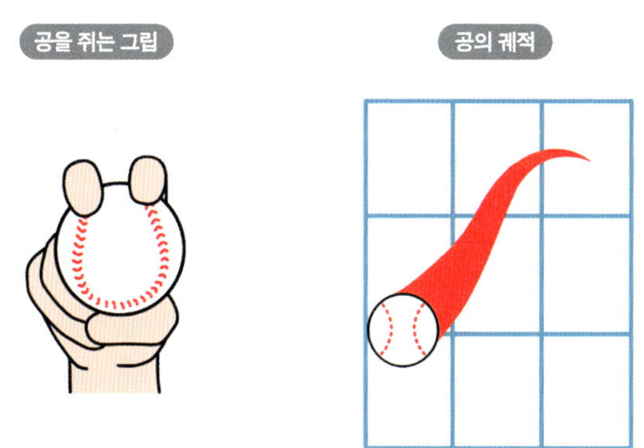

• **커터(Cutter)**: 직구처럼 똑바로 날아오다가 타자 앞에서 짧게 바깥쪽으로 휘어지는 공. 타자 입장에서는 투심 패스트볼인지 커터인지 파악하기 어렵다. 이때는 투수별 구종 비율을 살펴, 커터형 투수인지 아니면 투심형 투수인지를 판단하여 대응해야 한다. 커터는 바깥쪽으로 휘는 공이기 때문에 타자는 몸을 좀 더 안쪽으로 젖혔다가 공을 타격하는 게 좋다.

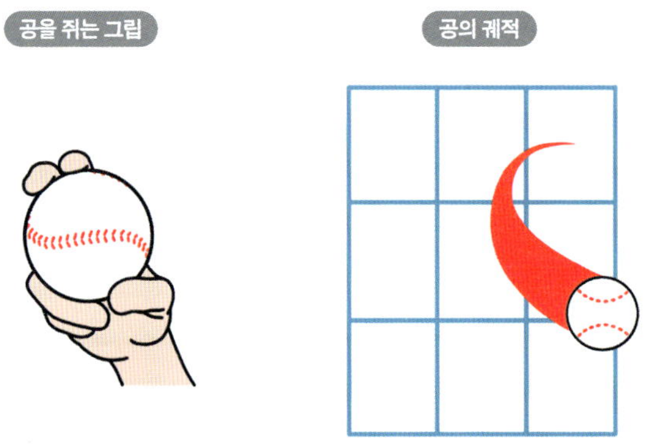

• **싱커(Sinker)**: 투심 패스트볼과 유사하나 수직 낙차가 더 강조된 공. 직구처럼 똑바로 날아오다가 타자의 몸쪽으로 파고들어 타자 입장에서는 타격하기 어려운 공이다. 싱커를 잘 던지는 투수로는 KBO 리그 삼성 라이온즈의 아리엘 후라도 선수가 있다.

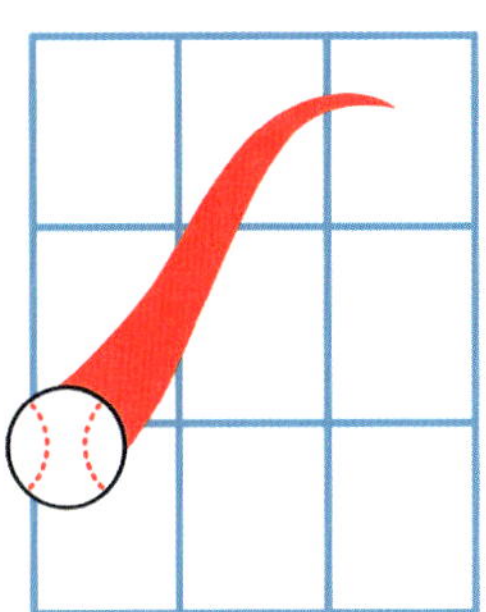

변화구 계열

- **변화구(Breaking Ball):** 직구와 대비되는 개념으로 속도 차이, 회전 방향, 낙차, 좌우 움직임(공의 무브먼트) 등을 통해 타자의 타이밍을 빼앗거나 배트를 빗맞히는 구종. 의도적으로 공의 궤적이나 타석에 공이 도착하는 시간을 바꾼다는 점이 변화구의 본질이다.

- **슬라이더(Slider):** 옆으로 미끄러지듯 휘어지는 특징이 있는 공. 커터보다 훨씬 많이 휘어지며, 타자에게 헛스윙을 유도하는 결정구로 자주 사용된다. 전 KIA 타이거즈 윤석민 선수가 슬라이더를 잘 던지는 대표적인 투수이다. 타자 입장에서는 슬라이더를 잘 던지는 투수에게 대응하기 어렵다. (타격보다는 몸에 맞는 공으로 출루하는 게 훨씬 쉽다.)

공을 쥐는 그림　　　　　공의 궤적

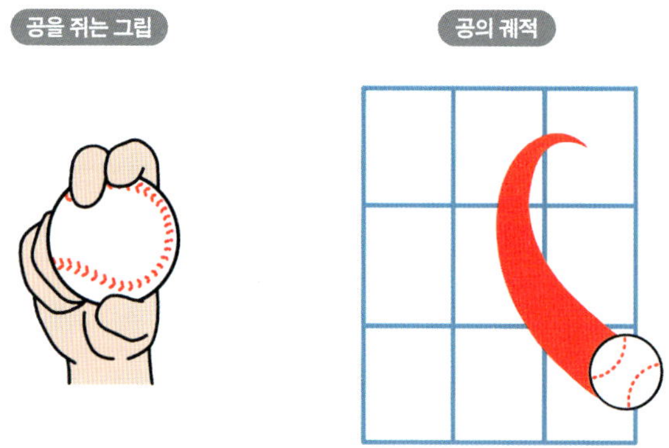

• **스위퍼(Sweeper)**: 슬라이더의 한 종류. 슬라이더가 공이 떨어지면서 휜다면, 스위퍼는 슬라이더보다 공의 낙차가 작은 대신 옆으로 매우 크게 휘어진다. 「불꽃야구」에서 신재영 선수가 스위퍼를 연마하는 모습을 보여줬다.

공을 쥐는 그림　　　　　공의 궤적

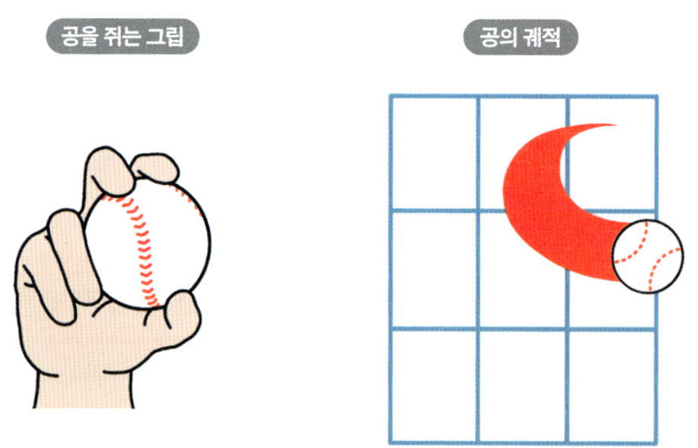

• **커브(Curveball)**: 슬라이더보다 구속이 훨씬 느리면서 큰 낙

차를 가진 공. 큰 회전으로 위에서 아래로 커다란 포물선을 그리며 떨어지는 궤적을 가지고 있어, 타자의 시야를 무너뜨리는 구종이다. 「불꽃야구」에서 유희관 선수가 공을 던졌을 때 전광판에 구속이 안 찍힐 정도로 느리면서 낙차가 큰 그 공(일명 '아리랑 커브')이 바로 커브다. 일반적으로 슬라이더와 비교했을 때 10~20cm 정도 각이 차이 나며, 타자의 헛스윙을 유도하는 데 주로 사용된다.

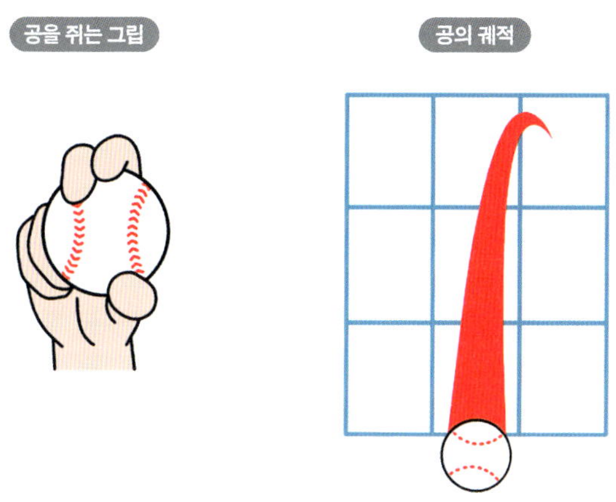

• 스플리터(Splitter): 직구처럼 곧고 빠르게 날아가다가 홈 플레이트 앞에서 급격히 떨어지는 공. 헛스윙 유인구로 많이 사용되며, 「불꽃야구」의 이대은 선수가 잘 구사하는 구종이다.

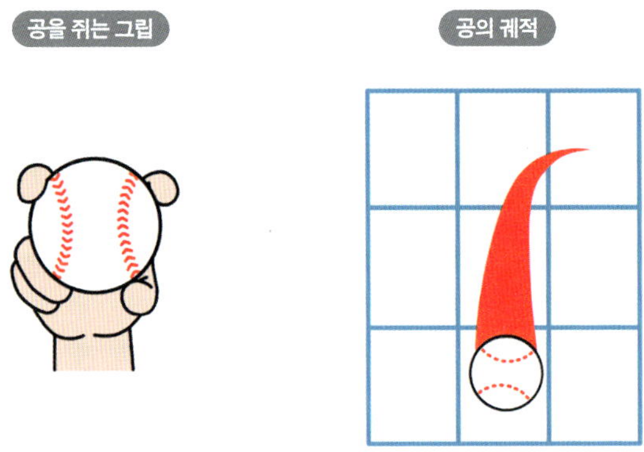

• **포크볼(Forkball)**: 스플리터와 유사하나 더 느리고 낙차가 큰 공. 손가락을 아주 넓게 벌려서 잡아야 하는 그립이기 때문에 투수 입장에서는 손가락에 부담이 크다는 단점이 있다.

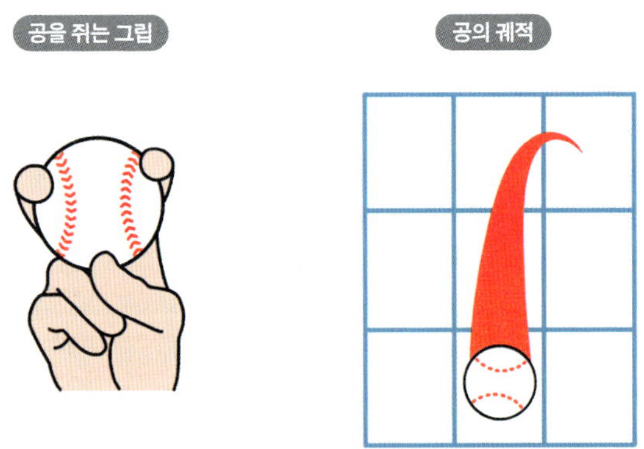

• **체인지업(Changeup)**: 직구와 같은 투구 폼으로 던지지만 구

속이 현저히 떨어지는 구종. 타자의 타격 타이밍을 뺏는 데 특화된 공이다. 직구와의 구속 차이가 핵심이다. 한화 이글스의 류현진 선수가 직구와 체인지업을 굉장히 잘 던진다.

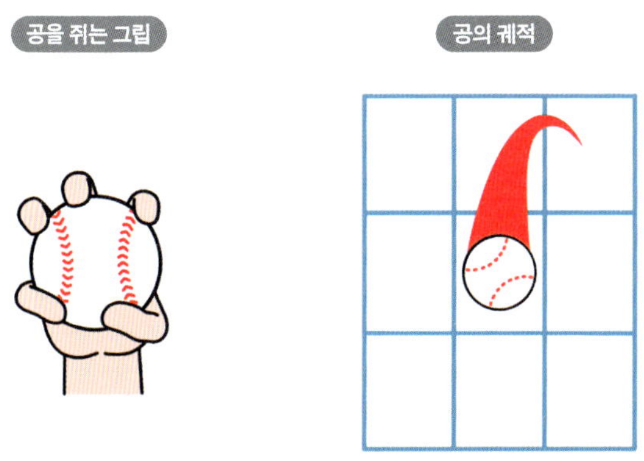

• **너클볼(Knuckleball)**: 공의 회전을 거의 없앤 구종. 무회전 난류를 통한 예측 불가능한 움직임을 가진 공으로 포수도 잡기 어려워하는 특이한 구종이다. 현재 한화 이글스에서 활약하고 있는 김서현 선수가 고등학생 시절 출연했던 예능 프로그램에서 너클볼을 던져 화제가 되기도 했다.

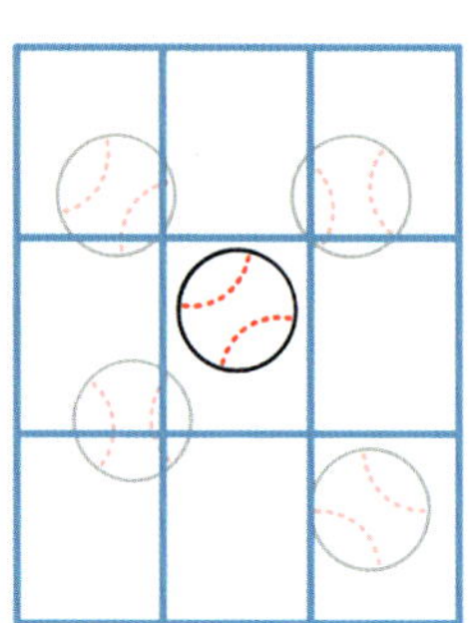

Q. 너클볼에는 어떻게 대처하는 편인가요?

너클볼을 피하는 선수들도 많지만, 저는 단순하게 생각했습니다. 앞에서 언급한, 한화 이글스의 김서현 선수가 고교 시절 시험 삼아 너클볼을 던진 첫 타자가 바로 저였는데 그때는 솔직히 좀 당황스러웠죠. 그래도 '너클볼'이라고 긴장하거나 특별하게 여기지 않고, 그냥 평소에 치던 하나의 공이라고 생각하며 임했습니다. 하지만 정확하게 잘 맞진 않더라고요. (씁쓸)

- **결정구(Out Pitch)**: 투수가 상대하고 있는 타자를 반드시 아웃시켜야 하는 중요한 상황에서 사용하는 투수의 가장 자신 있는 구종.

- **등판**: 투수가 경기에 투입되는 것. '오를 등(登)'을 쓰며, 투
수가 마운드에 오른다는 의미이다.

- **강판**: 투수가 경기 중 교체되어 더그아웃으로 들어가는 것.
'내릴 강(降)'을 쓰며, 투수가 마운드에서 내려온다는 의미
이다.

- **선발 투수**: 1회부터 경기를 뛰는 투수.

- **불펜 투수**: 선발 투수가 아닌, 불펜에서 대기하다가 등판하는
투수.

- **원투 펀치(One-Two Punch)**: 팀 내 가장 강력한 두 명의 선발
투수를 묶어 일컫는 말.

- **마무리(Closer)**: 마지막 이닝을 책임지는 투수.

- **승리 투수**: 이긴 경기에서 최소 5이닝 이상 투구하며 팀의 승
리에 크게 기여한 투수. 승리 투수가 되기 위해서는 5이닝
이상 호투한 투수가 교체되어 마운드를 내려갈 때, 상대보
다 점수가 앞선 상황이어야 한다. 또한 이후 등판한 투수
들이 동점이나 역전을 허용하지 않고 경기가 종료되어야
한다. 만약 5이닝을 채운 투수가 없을 경우, 가장 효과적으
로 실점을 막은 투수가 승리 투수가 된다.

- **패전 투수**: 진 경기에서 상대에게 마지막으로 리드를 허용하

여 실점에 책임이 있는 투수.

- **구원 투수**: 선발 투수에 이어 등판하는 투수.

- **완투승**: 한 명의 투수가 모든 이닝을 소화하며 팀의 승리를 이끈 것.

- **완봉승**: 한 명의 투수가 모든 이닝을 단 한 점의 실점 없이 소화하며 팀의 승리를 이끈 것. 모든 완봉승은 완투승이다.

Q. 상대하기 어려웠던 투수가 있나요?

일단 각이 큰 변화구를 던지는 선수들은 상대하기 까다로워요. 특히 류현진 선수(한화 이글스)나 윤석민 선수(전 KIA 타이거즈)를 만나면 힘들었죠.

류현진 선수는 볼이 멈췄다가 와요. 체인지업이 정말 미쳤습니다. 마구입니다, 마구. 윤석민 선수는 슬라이더가 너무 좋았죠. 그때 당시 스위퍼라고 느꼈을 정도로 슬라이더가 참 좋았어요. 사실 저는 키가 작아서 각이 큰 공을 던지는 투수들을 안 좋아했습니다…. (비겁한 놈들)

저는 직구를 굉장히 좋아합니다. 2015년 프리미어 12 4강전에서 일본의 오타니 쇼헤이 선수가 저한테 안타를 맞았던 공도 포심 패스트볼이었죠. (뿌듯)

 4 투수 지표 & 성적 평가 지수

- **이닝(IP, Innings Pitched):** 투수가 던진 이닝 수. 1이닝은 아웃 카운트 3개를 의미한다. 즉 6⅔이닝은 6이닝 투 아웃을 나타낸다.

- **승(W, Win):** 투수가 승리 투수로 기록된 경기의 수.

- **패(L, Loss):** 투수가 패전 투수로 기록된 경기의 수.

- **세이브(SV, Save):** 팀이 1~3점 차로 리드하는 상황에서 마무리 투수가 1~3점 차로 경기를 마무리할 경우. 세이브 기록은 한 경기에 한 명의 투수에게만 부여된다.

- **홀드(홀, Hold):** 세이브 조건을 갖춘 중간 투수가 후속 투수에게 마운드를 넘긴 경우. 해당 조건만 충족하면 여러 명의 투수에게 홀드를 부여할 수 있다.

- **블론 세이브(BS, Blown Save):** 투수가 세이브 상황에서 동점 또는 역전을 허용한 경우.

- **실점(R, Runs):** 투수가 내준 모든 점수. 수비 실책으로 인한 점수도 포함된다.

- **자책점(ER, Earned Runs):** 투수에게 책임이 있는 점수. 수비

실책으로 인한 점수는 포함되지 않는다.

- **방어율(ERA, Earned Run Average)**: 9이닝당 자책점. 'ERA = (ER × 9) ÷ IP'의 식으로 산출할 수 있다.

- **이닝당 출구 허용율(WHIP, Walks Plus Hits Divided by Innings Pitched)**: 투구 이닝당 안타와 볼넷 허용율. '(피안타 수 + 볼넷 수) ÷ 이닝 수'의 식으로 산출할 수 있고, 수치가 낮을수록 투수의 성적이 좋음을 의미한다.

- **피안타율(BAA, Batting Average Against)**: 투수가 타자에게 허용한 안타의 비율. '(피안타 수 ÷ 상대한 타수)'의 식으로 산출할 수 있고, 수치가 낮을수록 투수의 성적이 좋음을 의미한다.

5 득점 관련 용어

- **출루(On Base)**: 타자가 아웃되지 않고 안전하게 베이스를 점유하는 것.

- **진루(Advance)**: 출루한 주자가 다음 베이스로 이동하는 것.

- **강제 진루(Force Advance)**: 타자가 출루하면 앞선 주자가 다음 베이스로 반드시 진루해야 하는 것. 예를 들어, 주자가 1루에 있을 때 타자는 타격 후 반드시 1루로 출루해야 하기 때문에 1루 주자는 무조건 2루로 진루해야 한다.

- **만루(Bases Loaded)**: 1루·2루·3루에 모두 주자가 있는 상태.

- **도루(Stolen Base)**: 주자가 수비의 허점을 이용해 아웃되지 않고 다음 베이스로 진루하는 일.

- **더블 스틸(Double Steal)**: 두 명의 주자가 동시에 도루를 시도하는 플레이.

Q. 11시즌 연속 20도루 기록을 갖고 계시죠?

아, 이 기록 진짜 중요합니다. 야구는 결국 계속 진루해서 홈 플레이트를 밟는 것이 목표인 스포츠예요. 그만큼 도루가 중요하다고 볼 수 있죠! 예전에는 아무리 도루를 해도 고과에 반영되지 않아서 아쉬웠어요. 이제는 도루의 가치를 많이 인정해 주면 좋겠습니다.

11시즌 연속 20도루는 참 대단한 기록입니다. 이 기록은 2025년 박해민 선수(LG 트윈스)가 12시즌 연속 20도루를 달성하면서 깨졌는데요. 정근우만큼이나 대단한 선수입니다.

- **히트 앤드 런(Hit and Run):** 투수가 투구할 때, 주자가 도루를 시도하는 동시에 타자가 타격하는 공격 작전. 수비 혼란을 유도하기 위해 타자는 반드시 공을 타격해야 한다. '앤드 런' 또는 '치고 달리기'라고도 부른다.

- **런 앤드 히트(Run and Hit):** 투수가 투구할 때, 주자가 먼저 도루를 시도하고 타자는 그 상황에 맞춰 타격하거나 공을 지켜보는 공격 작전.

- **안타(Hit):** 타자가 친 공이 아웃되지 않아 최소 1루 이상 안전하게 진루할 수 있는 타격. 단, 수비 실책이 있을 경우 안

타로 기록되지 않는다.

- **1루타/2루타/3루타:** 안타 후 타자가 1루/2루/3루까지 도달한 경우.

- **인정 2루타(Ground Rule Double):** 타자가 친 공이 그라운드에서 튀어 펜스를 넘어가는 등 수비수가 공을 잡을 수 없게 된 상황에서 타자는 2루까지만 진루 가능.

- **적시타(RBI Hit):** 누상(베이스)에 나가 있는 주자를 홈으로 불러들인 안타. 홈으로 들어온 주자의 수에 따라 '1타점 적시타, 2타점 적시타' 등으로 부른다.

- **홈런(Home Run):** 타자가 친 공이 그대로 펜스를 넘어가면서 타자와 주자 모두 득점하는 것. 단, 파울 존으로 넘어간 공은 홈런이 아니다.

- **백투백 홈런(Back-to-Back Home Runs):** 연속된 두 타자가 연달아 홈런을 치는 것.

- **인사이드 더 파크 홈런(Inside-the-park Home Run):** 타자가 안타를 친 뒤, 상대 수비수에게 태그 아웃 당하지 않고 모든 베이스를 순서대로 돌아 홈에 들어오는 득점. '그라운드 홈런'이라고도 부른다. 타자의 빠른 발이 필수조건이지만 상대 수비수의 실책이나 운 등이 함께 따라주어야 가능한 특

별한 기록이다.

- **사이클링 히트(Cycling Hit)**: 한 경기에서 한 타자가 1루타, 2루타, 3루타, 홈런을 모두 기록한 것.

Q. 사이클링 히트를 아깝게 놓쳤다고 들었어요.

아~ 프로 야구 선수 시절에 사이클링 히트를 못 해본 게 정말 아쉽습니다. 딱 1루타 하나가 부족했어요!

2014년 한화에서 뛸 때 삼성 라이온즈와의 경기였습니다. 첫 타석에 홈런, 두 번째 타석에서 2루타, 세 번째 타석에서는 3루타를 쳤습니다. 여기에 1루타 하나만 더 치면 사이클링 히트라는 대기록을 달성하는 거였어요. 그런데 기록을 의식하니까, 저한테 유리한 볼 카운트(스리 볼, 원 스트라이크)에도 압박감이 들더라고요. 마지막 타석에서는 어떻게든 1루타를 만들어보려고 기습 번트를 시도했지만 결국 땅볼로 아웃당하는 엔딩을 맞았어요. 그렇게 사이클링 히트가 무산되고 말았죠. 두고두고 아쉬운 기록입니다.

- **밀어내기 볼넷(Bases-Loaded Walk)**: 주자 만루 상황일 때 타자가 볼넷으로 1루로 출루하면 3루 주자는 홈으로 밀려나 득점하게 되는 상황.

90

- **끝내기(Walk-Off):** 9회 말 또는 연장에서 홈 팀이 승리를 확정 짓는 득점 상황.

Q. 끝내기 안타 16개라는 기록의 보유자예요!

끝내기 안타 16개는 범접할 수 없는 대기록이죠~ 끝내기 안타라는 건 팀의 영웅이지 않습니까? 다음 타자가 확률적으로 안타를 칠 가능성이 낮다면 내가 욕을 먹더라도 어떻게든 해결해야 해요. 사실 끝내기 안타를 칠 수 있는 기회가 16번이나 만들어지는 것도 쉽지 않은데, 그걸 해낸 정근우는 정말 대단한 선수였습니다!

- **빅 이닝(Big Inning):** 한 이닝에 3점 이상을 득점한 경우.

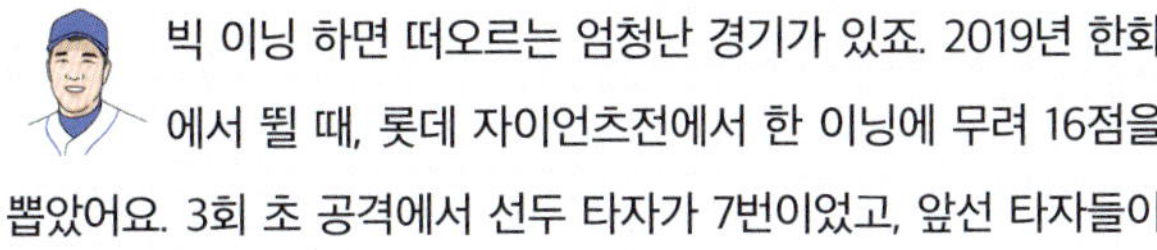

Q. 기억에 남는 빅 이닝이 있나요?

빅 이닝 하면 떠오르는 엄청난 경기가 있죠. 2019년 한화에서 뛸 때, 롯데 자이언츠전에서 한 이닝에 무려 16점을 뽑았어요. 3회 초 공격에서 선두 타자가 7번이었고, 앞선 타자들이

줄줄이 출루해 주면서 1번 타자인 제가 무사 만루인 상황에 타석에
섰습니다. 그때 2타점 적시타를 때렸는데, 그게 결국 결승타가 됐어요.
그 뒤로 타순이 9번까지 쭉 돌아가 다시 제 차례가 왔고, 한 번 더 타
석에 섰습니다. 그렇게 공격이 계속 이어지다 보니 결국 한 이닝에
16점까지 냈어요. 정~말 기분 좋았습니다!
반면에 「불꽃야구」에서는 한 이닝에 두 번 아웃된 적도 있어요. 그때
는 정말 쥐구멍에 숨고 싶었습니다. (눈물)

- **땅볼(Ground Ball):** 타자가 친 공이 땅에 닿아 내야로 굴러가
  는 타구. 주로 내야수가 1루로 송구해 아웃을 잡거나, 병살
  플레이로 이어지는 경우가 많다. 내야 수비가 빠르면 타자
  는 아웃되고, 내야 수비가 느리거나 수비 실책이 있으면 진
  루할 수 있다.

- **뜬공(Fly Ball):** 타자가 친 공이 공중으로 높이 뜨는 타구. 수
  비수가 잡으면 아웃이 되며, 잡히지 않고 땅에 떨어지면 안
  타가 될 수 있다. 주로 외야수가 수비한다.

6 복장 & 장비 관련 용어

Q. 유니폼에 얽힌 에피소드가 있나요?

 원정 경기 때 유니폼을 두고 와서 아찔했던 적이 있죠. 상대 팀과 관계자분들께 양해를 구하고, 관중석에 계신 제 팬분께 유니폼을 빌려 입고 경기를 했어요. 경기가 끝난 뒤, 유니폼을 빌려주신 팬분께는 야구공이나 유니폼에 사인을 해서 드리는 등 소정의 선물을 건넸습니다.

이렇게 유니폼을 두고 온 날은 경기 전 웜업 때부터 제 유니폼을 입고 계시거나 가져오신 팬분들부터 찾아요. 어디 있나 내 팬들~

이너웨어

- **언더 셔츠(Under Shirts)**: 땀 흡수, 체온 조절, 근육 보호 등의 기능. 일반적인 형태는 긴팔이며 여름에는 반팔 또는 냉감 소재를, 겨울에는 보온에 적합한 기능성 소재를 착용한다. 팀 고유 컬러를 따른다.
- **슬라이딩 팬츠(Sliding Pants)**: 슬라이딩 시 허벅지와 엉덩이를

보호하는 역할. 타이즈처럼 몸에 밀착되는 형태이며 땀 흡수, 압박 효과 등이 있다.

- **보호용 속옷**: 보호대를 착용해 중요 부위를 보호.

- **저지(Jersey)**: 팀 로고와 선수 이름, 등번호 등을 새긴 상의. 홈/어웨이 용이 각각 따로 있다. 팀 고유 컬러를 따르나 홈용 저지는 주로 흰색 계열로 디자인된다. 각 팀에서 MD로 저지를 판매하고 있으며 어센틱과 레플리카로 구분된다. 어센틱은 선수들이 입는 것과 동일한 디자인, 소재, 기능을 갖춘 제품이고, 레플리카는 팬들을 위해 발매한 제품이기 때문에 소재나 디테일이 비교적 단순하며 가격도 저렴하다.

- **팬츠(Pants)**: 발목까지 내려 입는 롱팬츠형, 무릎 아래까지 오는 짧은 스타일의 니커보커스형으로 구분. 니커보커스형은 양말을 무릎 아래까지 올려 신기 때문에 소위 '농군 패션(모내기를 하는 농민들의 복장과 유사하다는 의미)'이라고도 부른다.

Q. **「불꽃야구」를 보면 유희관 선수만 유니폼(하의)이 다르더라고요.**

유희관 선수는 활동성이 좋고 움직이기 편한 농군 스타일의 하의를 선호해요. 사실 유니폼을 어떻게 입는지는 선수 개인의 스타일에 따라 달라요. 팀 색깔만 맞추면 어느 정도 자유롭게 착용해도 됩니다.

예전에는 팀 성적이 부진할 때, 결연한 의지를 다잡기 위해 팀원 전체가 농군 패션으로 경기에 임하는 경우도 많았습니다.

- **베이스 삭스(Base Socks)**: 일반 스포츠 양말처럼 착용하는 기본 양말.

- **스타킹(Over Socks/Stocking)**: 종아리를 보호하기 위해 착용하는 무릎 아래까지 오는 양말. 팀 고유 컬러에 맞춰야 하며, 농군 패션으로 입을 경우 팀에 통일감을 주는 효과도 있다.

- **스파이크(Spike Shoes)**: 미끄럼 방지, 지면 접지력 향상을 위해 신는 기능성 신발. 바닥에 금속 재질의 징이 박힌 메탈 스파이크와 플라스틱 재질의 징이 박힌 몰드 스파이크로 구분된다. 메탈 스파이크는 주로 프로 선수들이 착용하고, 몰드 스파이크는 아마추어 선수들, 혹은 인조잔디 구장을 이용할 때 착용한다.

- **캡(Cap)**: 팀 로고가 새겨진 기본 아이템. 경기 중에는 수비팀이 착용한다.

• **헬멧(Batting Helmet)**: 날아오는 공으로부터 머리를 보호하기 위해 공격 팀이 착용.

• **배팅 장갑(Batting Gloves)**: 손바닥 마찰 방지, 배트 그립 향상, 충격 흡수 등의 기능. 타자가 착용하며 일반적으로 양손 모두 착용한다.

• **수비 장갑(Defense Glove)**: 손바닥 마모 방지를 위해 글러브 안쪽에 착용.

• **슬라이딩 장갑(Sliding Glove)**: 주루 장갑. 타자가 주루 플레이를 할 때 착용하는 장갑으로, 슬라이딩 시 스파이크에 찍히거나 손가락이 꺾이는 등 여러 위험한 상황에서 손을 보호하기 위해 튼튼하게 만들어졌다.

Q. 슬라이딩 장갑과 팬츠에 대해 이야기해 주세요.

선수들이 슬라이딩을 할 때 생각보다 손가락 마디가 엄청 잘 꺾여요. 부상 방지를 위해서라도 슬라이딩 장갑을 꼭 착

용해야 합니다. 슬라이딩 장갑을 엉덩이 주머니에 넣고 다니는 게 루틴인 선수가 있는데, 몸에 맞는 공을 거기에 맞으면 덜 아프다는 장점이 있어요. 정근우는 사실 귀찮아서 주머니에 넣고 다닌다고 하네요. 슬라이딩 팬츠 역시 부상 방지 아이템이에요. 바지 안에 푹신푹신한 게 덧대져 있어서 땅에 닿았을 때 충격이 덜합니다.

그리고 슬라이딩을 하면 유니폼이 금세 더러워지잖아요? 어떻게 세탁하는지 궁금해하시는 분들도 계시는데, 구단과 연결된 세탁 업체가 있어서 전부 구단에서 해결해 줍니다!

슬라이딩 장갑을 착용한 주자

- **포수**: 포수 헬멧, 포수 마스크, 체스트 가드(프로텍터), 목 보호대, 낭심 보호대, 니 쿠션, 레그 가드, 엄지 보호대, 포수 미트

• **타자**: 배트, 헬멧, 타격 장갑, 팔꿈치 보호대, 정강이 보호
대, 고글(시야 보호용, 생략 가능)

• **투수**: 글러브, 투수화(짧은 스파이크), 헬멧&보호대 없음

• **내야수/외야수:** 글러브(포지션별로 다름), 수비 장갑(생략 가능), 고글(시야 보호용, 생략 가능)

• **내야수/외야수:** 글러브(포지션별로 다름), 수비 장갑(생략 가

7 전광판 보는 법

① 라인업 보드

각 팀의 선발 라인업: 1번부터 9번까지는 야수이며, 선발 투수는 P로 나타낸다.

타순

선수 이름

포지션

타율: 타자가 친 안타 수를 타수로 나눈 것. 소수점 세 자리

까지 표기하며, '0.333'은 3할 3푼 3리로 읽는다.

②

③

R(Runs): 득점수

H(Hit): 안타 수

E(Error): 실책 수

B(Base on Balls): 몸에 맞는 공, 볼넷으로 출루한 수

④

B(Ball): 볼 수

S(Strike): 스트라이크 수

O(Out): 아웃 수

⑤

H(Hit): 안타

E(Error): 실책

FC(Fielder's Choice): 야수 선택

⑥

1. 타자 정보 표시창

선수 이름

등번호

AVG(Battiing Average): 타율

AB(At Bats): 타수

H(Hits): 안타 수

HR(Home Run): 홈런 수

RBI(Run Batted In): 타점

SB(Stolen Bases): 도루 수

OPS(On-Base Plus Slugging): 출루율+장타율

OBP(On-Base Percentage): 출루율

SLG(Slugging Percentage): 장타율

2. 투수 정보 표시창

선수 이름

등번호

IP(Innings Pitched): 투구 이닝

R(Runs): 투수가 허용한 총 실점

ER(Earned Runs): 수비 실책을 제외한 자책점

PIT(Pitches): 투구 수. P, PC 또는 T(Total Pitches)로 표기하기도 한다.

ERA(Earned Run Average): 9이닝당 평균 자책점

WHIP(Walks plus Hits per Innings Pitched): 이닝당 출루 허용 수

H(Hits): 허용한 안타 수

BB(Base-on Balls): 허용한 볼넷 수

S(Strikes): 스트라이크를 던진 개수

K(Struck out): 잡아낸 삼진 수

승: 승리 투수로 기록된 경기의 수

패: 패전 투수로 기록된 경기의 수

홀: 홀드로 기록된 경기의 수

세: 세이브로 기록된 경기의 수

타자 상대 결과 표시

⑦ 오늘 경기 기록

⑧ 심판원 명단

CH(Chief Umpire): 주심

Ⅰ: 1루심

Ⅱ: 2루심

Ⅲ: 3루심

LF(Left Field Umpire): 좌선심

RF(Right Field Umpire): 우선심

⑨ 구속

데빌정's Comment

　야구에서 자주 사용되는 용어들을 알면 알수록, 경기를 더 재밌게 볼 수 있는 게 사실입니다. 하지만 야구 새싹들에겐 수많은 용어들을 하나하나 공부하는 게 너무 복잡하게 느껴질 수 있고, 야구를 보기도 전에 재미가 반감될 수 있잖아요? 그러니까 야구를 처음 접할 때에는 그냥 조금 더 쉽게 접근하면 좋겠습니다! 생각만 해도 머리 아픈 전문 용어들은 잠시 한쪽으로 치워둬도 괜찮아요. 궁금한 게 생기면 바로 이 책을 펼쳐보면 되니까요!

　여러분만의 방식으로 마음껏 야구를 즐겨주세요! 맛있는 음식을 먹으면서 노래도 따라 부르는 흥겨운 분위기를 즐기기 위해 야구장을 찾아도 좋고, 또는 잘생기고, 피지컬이 좋고, 귀엽고 등등 나의 외적인 이상형에 가까운 선수를 찾아 야구에 접근하는 것도 나쁘지 않아요. 특히 좋아하는 선수에 대한 애정을 시작으로, 그 선수의 팀이 좋아지고, 또 야구에 대한 애정이 생기는 식으로 점차 관심이 확대되면 더할 나위 없죠. 야구를 사랑하는 방법에는 정답이 없으니, 여러분이 가장 즐거운 방식으로 야구를 만나길 바랍니다.

PART 3

알 듯 말 듯 중계진의 용어 해설

가끔은 중계진의 해설과 내 생각이 다를 수도
있어요. 그럴 때 "왜 다를까?"를 한 번 더 떠
올려보세요. 그 질문 하나가 야구를 보는 시야
를 넓혀줍니다. 그렇게 질문을 거듭하다 보면,
어느 순간 스스로도 꽤 많이 알고 있다는 걸
깨닫게 될 거예요. 야구 박사가 되는 길은 생
각보다 멀지 않습니다!

가끔은 중계진의 해설과 내 생각이 다를 수도
있어요. 그럴 때 "왜 다를까?"를 한 번 더 떠
올려보세요. 그 질문 하나가 야구를 보는 시야

밀어친 공! / 잡아당겼습니다!

🎤 "밀어쳤습니다! 우익수 쪽으로 깊게 갑니다."

- **밀어치다:** 타자가 공을 반대 방향(오른손 타자 기준 우익수 방
  향)으로 보내는 타격. 타석의 센터 라인을 기준으로 이보다
  뒤에서 타격하는 것을 말한다. 밀어치기는 컨트롤 중심의
  타자에게 적합하다.

- **잡아당기다:** 타자가 자신 쪽(오른손 타자 기준 좌익수 방향)으로 공을 끌어당기며 치는 것. 타석의 센터 라인을 기준으로 이보다 앞에서 타격하는 것을 말한다. 잡아당기기는 힘 있는 타자에게서 자주 나타난다.

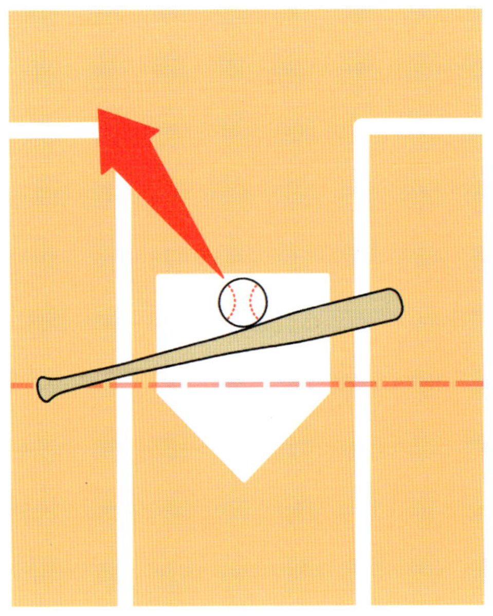

Q. 밀어치는 타격 때문에 슬럼프를 겪으셨다고요?

저는 어릴 때부터 극단적으로 당겨치는 스타일이었습니다. 그런데 프로에 입단하니까 SK 와이번스 조범현 감독님께서 "너는 키가 작으니까 밀어쳐라."라고 하시더라고요. 여태 극단적으로 당겨치는 스윙을 하던 선수한테 갑자기 밀어치라고 하시니까, 하루아침에 잘 될 리가 없죠. 그러다가 자신감까지 잃어버렸어요.

그렇게 2군에서 방황하는데, 2006년에 전력분석원이었던 노석기 코치님이 "근우는 당겨치는 타자입니다. 그냥 마음대로 당겨치게 해 주십시오." 하고 감독님께 어필해 주셨어요. 그럼에도 불구하고 감독님께서는 밀어쳐야 한다고 하셨고요. 그런데 때마침 WBC 때문에 감독님께서는 배터리 코치로 해외에 계셨고, 저는 시범 경기에서 155km/h짜리를 잡아당겨서 안타를 친 거예요. 그 이후로는 감독님께서 "마음대로 당겨쳐라." 하셨죠.

그다음부터는 그때그때 밀어치기도 하고 당겨치기도 하고 공에 따라 다르게 반응하게 되더라고요. 환경에 적응을 하니까 자신감도 생기고 자연스럽게 밀어치는 타법과 당겨치는 타법이 만들어졌던 것 같아요.

저처럼 타격에서 슬럼프를 겪는 타자들이 많은데, 타법을 바꿔보거나 여러 시도를 해보는 게 물론 좋죠. 하지만 억지로 타법을 만들려고 하면 본인이 가지고 있던 장점을 잃어버릴 수 있으니까 조심스럽게 접근하면 좋겠습니다.

2 볼 끝이 좋아요.

- **볼 끝이 좋다**: 공이 홈 플레이트 근처에 도달했을 때의 움직임이 좋을 경우 사용하는 표현. 직구든 변화구든 마지막 순간에 위력적인 궤적을 보이면 '볼 끝이 좋다'고 말한다. 즉 볼 끝이 좋다는 것은 공의 퀄리티가 높다는 뜻으로, 타자가 공략하기 어렵다는 의미이다.

Q. 상대했던 투수들 중 특히 볼 끝이 좋다고 느꼈던 선수가 있나요?

 오승환 선수(전 삼성 라이온즈)가 볼 끝이 좋았어요. 공을 던질 때 누르는 힘이 필요한데, 이 힘이 굉장이 좋았거든요. 타석에 서 있으면 볼 끝이 막 살아온다는 느낌이 들었어요. 전광판에는 구속이 150km/h로 찍히는데, 타자한테는 155km/h가 넘는 공처럼 보여요. 그래서 오승환 선수를 상대하는 타자들은 헛스윙 비율이 높을 수밖에 없습니다.

사실 이 선수가 대학교 1학년 때 수술을 한 뒤로 재활훈련으로 악력 운동을 정말 많이 했거든요. 그러다 보니까 자연히 공을 누르는 힘이 상당히 좋아졌고, 그게 좋은 공을 투구하는 데 큰 도움이 됐다고 하더라고요.

볼이 무겁다는 느낌을 받을 때도 있는데, 김진우 선수(전 KIA 타이거즈)의 볼이 그랬습니다. 마치 돌덩이가 날아오는 느낌이에요. 이 선수의 공은 구속이 145km/h 정도인데, 공이 막 파고드는 느낌이었어요. 계속 회전하는 느낌! 그만큼 공에 힘을 잘 실어서 던졌던 거죠.

선구안이 참 좋은 선수죠. /
공 하나를 골라냈습니다.

🎤 "초구는 낮은 공, 잘 골라냈습니다. 선구안이 참 좋은 선수입니다."

- **선구안**: 투수가 던진 공 중 스트라이크와 볼을 잘 구분해 내는 타자의 능력. 선구안이 좋은 타자는 쉽게 삼진을 당하지 않고, 출루율도 높은 편이다.

🎤 "이번에도 공 하나 골라냅니다. 투수 입장에서는 부담스러운 상황입니다."

- **공을 골라낸다**: 스트라이크처럼 보이지만 볼인 공을 타자가 타격하지 않고 참아내는 것.

Q. 선구안이 좋은 선수는 누가 있을까요?

 LG 트윈스의 홍창기 선수가 기본적으로 출루율이 굉장히 좋아요. 선구안이 좋아서 볼을 참 잘 봅니다. 자신만의 스트라이크 존을 잘 형성하고 있어요. 홍창기 선수처럼 이렇게 ABS에 빠르게 적응하고 활용하는 선수들이 많아졌으면 좋겠습니다. 사실 각 구장마다 ABS 존이 미세하게 다르거든요. 그러니까 '아, 이 경기장의 ABS 존은 이렇구나.' 하고 빨리 적응해야죠.

그런데 국제 대회에서는 ABS를 적용하지 않기 때문에 그때는 심판들이 어떻게 보는지를 빠르게 파악해야 합니다.

4 리드 폭이 굉장히 넓어요.

- **리드 폭:** 누상 주자가 베이스에서 얼마나 떨어져 있는지를 나타내는 것. 리드 폭이 넓다는 것은 주루에 적극적인 자세를 보이고 있다는 뜻이다. 리드 폭을 넓히면 도루를 시도해 볼 수 있지만, 견제사의 위험도 따른다.

Q. 앞서 언급했듯이 도루에 일가견이 있으신데, 리드 폭을 넓게 가져가는 편이었나요?

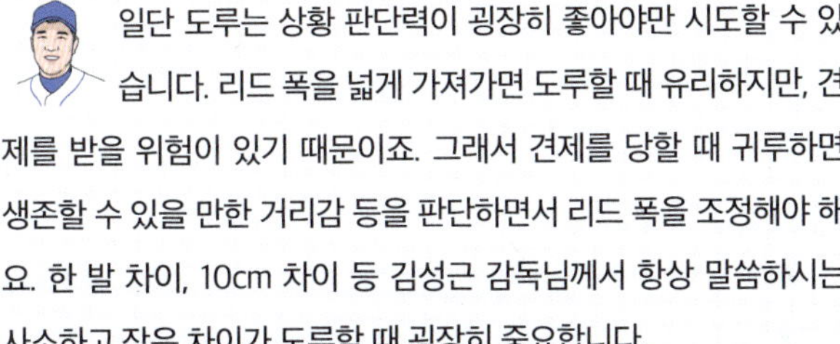 일단 도루는 상황 판단력이 굉장히 좋아야만 시도할 수 있습니다. 리드 폭을 넓게 가져가면 도루할 때 유리하지만, 견제를 받을 위험이 있기 때문이죠. 그래서 견제를 당할 때 귀루하면 생존할 수 있을 만한 거리감 등을 판단하면서 리드 폭을 조정해야 해요. 한 발 차이, 10cm 차이 등 김성근 감독님께서 항상 말씀하시는 사소하고 작은 차이가 도루할 때 굉장히 중요합니다.

사실 안정성 있는 도루는 제 스타일이 아니에요. 저는 아슬아슬한 도루의 스릴을 즐겼던 것 같아요. 프로 야구 선수 시절, 이대호 선수가 저를 강하게 태그하곤 했는데요. 잡았다 싶은 순간에 제가 슬라이딩을 강하게 치고 들어가서 생존하니까, 만일을 대비해서 확실하게 잡으려고 그랬던 것 같습니다.

5 주루 플레이가 뛰어난 선수예요.

🎤 "1루에서 3루까지 단숨에 진루합니다. 주루 플레이가 뛰어난 선수입니다."

🎤 "지금 같은 상황에서 홈까지 들어옵니다. 빠른 판단이 돋보입니다."

- **주루 플레이**: 주자가 베이스와 베이스 사이를 달려 득점을 노리는 전술적 행동. 단순히 주자의 발이 빠른 것만을 의미하지 않는다. 타구 판단, 슬라이딩 타이밍, 베이스 러닝 경로 등 다양한 요소를 포함한 주자의 종합 능력을 말한다. 좋은 주루 플레이는 팀의 득점을 끌어내는 데 중요한 역할을 한다.

Q. 기억에 남는 주루 플레이가 있나요?

 2008년 베이징 올림픽 때, 일본과의 4강전에서 제가 홈으로 들어왔던 가위자 슬라이딩, 일명 '회뜨기 슬라이딩'이라고 하죠. 그게 기억에 남습니다.

그 슬라이딩을 어릴 때 바닷가에서 한 번 연습해 보고, 그 뒤로 대학교 때나 프로에서는 한 번도 해본 적이 없어요. 그런데 그때 딱 그 슬라이딩이 저도 모르게 나왔어요. 나중에 영상을 보고 "내가 저렇게 했다고?" 했을 정도로 놀랐죠. 어떻게든 살아야겠다는 본능이 그 슬라이딩을 만든 거 같습니다.

예전 같았으면 헤드 퍼스트 슬라이딩(손과 머리를 먼저 베이스에 대는 슬라이딩)이나, 훅 슬라이딩(태그를 피하기 위해 한쪽 다리를 바깥쪽으로 구부리고 다른 다리로 베이스 가장자리를 향해 미끄러져 들어가는 슬라이딩)을 할 텐데, 지금은 많은 선수들이 회뜨기 슬라이딩을 하죠. 정근우가 선두 주자라고 할 수 있습니다.

6 빠른 카운트에서 승부를 봤네요.

- **빠른 카운트**: 투수가 타자를 상대할 때 초반에 던지는 공. 일반적으로 타자들은 공 몇 개를 지켜보고 스윙을 하지만, 초반부터 적극적으로 배트를 휘두를 경우 '빠른 카운트에서 승부를 본다'라는 표현을 사용한다. 이러한 타자는 투수에게 타이밍을 뺏기지 않고 자기 흐름을 만들어갈 수 있다.

Q. 초구를 노리는 편인가요? 아니면 지켜보면서 공을 고르는 편인가요?

 정근우가 또 별명이 있어요. '정근딱'. 타석에 들어서서 "1번 타자, 정근…" 하는 순간 딱! 하고 초구를 쳐서 땅볼 아웃된다는 뜻입니다. (씁쓸)

사실 케이스 바이 케이스였던 거 같아요. 투수가 제구력이 좋고, 타석에 섰을 때 오늘 칠 확률이 높다고 판단하면 초구부터 공략하곤 했어요. 그런데 투수가 제구력이 좋지 않고, 이 선수가 저한테 안타를 많이 맞는 편이라면 좀 오랫동안, 한 5개 정도? 공을 지켜보면서 공을 골랐습니다.

7 주자를 계속 돌립니다!

- **주자를 돌리다**: 타자들의 안타가 연달아 나오면서, 누상 주자들이 계속 진루하는 상황. 득점 찬스가 이어지고 있다는 뜻으로, 공격 흐름이 좋아진다는 의미도 담겨 있다. 3루 베이스 코치가 팔을 크게 돌리는 것이 사인이며, 주자에게 빨리 뛰어서 다음 베이스로 진루하라는 뜻이다.

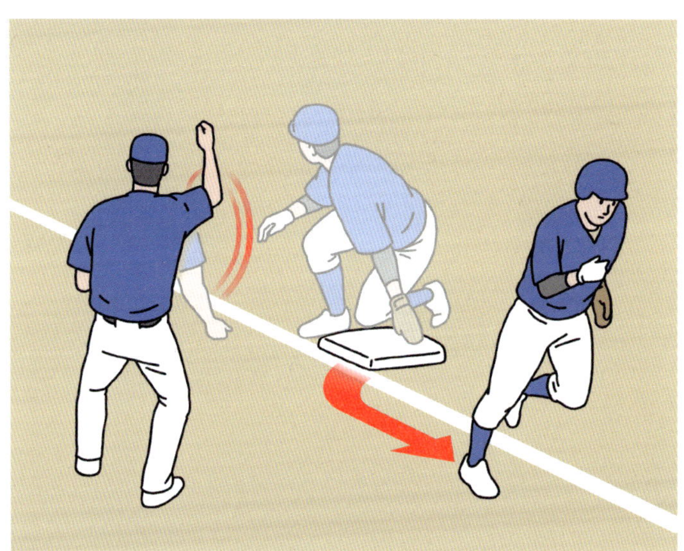

Q. 주자를 돌릴 때는 3루 베이스 코치가 사인을 보내죠?

 맞아요. 그래서 3루 베이스 코치의 역할이 굉장히 중요해요. 우리 「불꽃야구」의 이광길 코치님이 3루 베이스 코치를 잘 보기로 정평이 나 있습니다.

주자가 1명이 있을 때, 주자를 돌리려면 3루 베이스 코치가 한 팔만 돌려요. 그런데 주자가 2명이 있을 경우에는 대부분 오른팔이 앞주자, 왼팔이 뒷주자에게 보내는 사인이라고 생각하시면 돼요. 두 팔을 다 돌리면 둘 다 뛰라는 얘기고, 만약 왼팔은 스톱하고 오른팔만 돌리면 뒷주자는 멈추고 앞주자만 뛰어라, 양팔을 다 들면 두 주자 모두 멈춰라, 막 땅을 치는 모션을 취한다면 슬라이딩을 하라는 얘기예요. 이렇게 3루 베이스 코치가 보내는 사인들의 뜻을 알면 야구를 더 재밌게 보실 수 있을 겁니다.

데빌졍's Comment

중계는 방송사마다 해설 위원과 캐스터가 다르기 때문에 분위기와 강조하는 포인트가 조금씩 달라요. 그래서 어느 한쪽의 해설에 너무 치우치기보다는, 본인이 경기를 보며 느끼는 대로 즐기는 것도 좋다고 생각합니다.

물론 방금 어떤 플레이가 있었는지 이해할 수 있게 도와주는 해설과 중계도 중요하죠. 하지만 경기의 흐름을 놓치지 않으면서 스스로 한 번 더 생각해 보면 야구는 훨씬 더 재미있어집니다. 중계를 듣는 재미와, 직접 경기를 읽어가는 재미는 또 다르니까요.

해설진마다 스타일이 다른 것도 하나의 포인트예요. 어떤 분은 데이터를 중심으로 설명하고, 어떤 분은 경험담을 많이 들려주죠. 시청자마다 응원하는 팀도, 듣고 싶은 말도 다르기 때문에 나와 궁합이 잘 맞는 해설을 찾는 것도 하나의 즐거움이 될 겁니다.

가끔은 중계진의 해설과 내 생각이 다를 수도 있어요. 그

릴 때 "왜 다를까?"를 한 번 더 떠올려보세요. 그 질문 하나가 야구를 보는 시야를 넓혀줍니다. 그렇게 질문을 거듭하다 보면, 어느 순간 스스로도 꽤 많이 알고 있다는 걸 깨닫게 될 거예요. 야구 박사가 되는 길은 생각보다 멀지 않습니다!

PART 4
헷갈리는
판정
쉽게
이해하기

따로 야구 룰을 공부하려고 하지 마세요! 그냥 야구장에 찾아가서 재미있게 경기를 보고, 궁금한 부분이 생기면 정근우의 책을 찾아보면 됩니다! 그런데 여기까지 읽고 고개를 끄덕끄덕하면서 다 이해를 했다면, 당신은 야구 새싹이 아니라 야구 박사입니다.

페어와 파울

- **페어(Fair)**: 타자가 친 공이 규정된 플레이 가능 범위(1루 라인과 3루 라인 안쪽)에 떨어지는 경우. 타구가 땅볼일 때, 타자가 친 공이 1루 또는 3루 베이스를 통과할 때까지 파울 라인 안쪽에 위치하면 페어다. 단, 공이 베이스를 통과하기 전에 파울 라인 바깥으로 나가면 파울이다. 타구가 뜬 공일 때, 공이 지면에 닿은 지점이 파울 라인 안쪽이거나, 공이 파울 라인 안쪽의 펜스를 넘어가면(홈런) 페어다.
- **파울(Foul)**: 타구가 규정된 페어 존을 벗어나 그 밖의 지역으로 가면 파울. 페어/파울 판정은 경기 흐름에 큰 영향을 주므로 심판도 신중하게 판정한다.

페어 존

파울 존

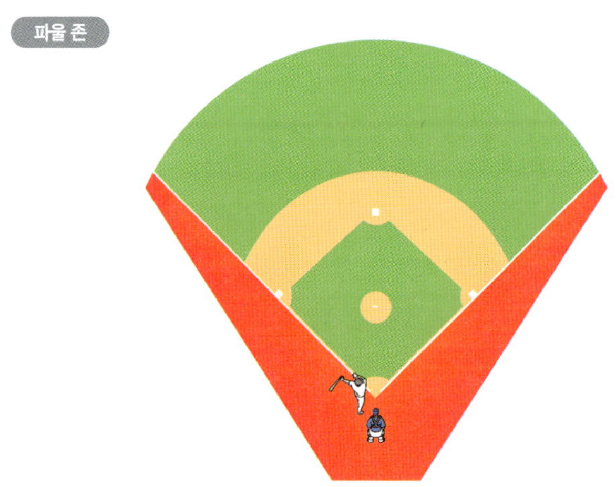

타구가 땅볼일 때, 페어

타구가 땅볼일 때, 파울

타구가 뜬공일 때, 페어

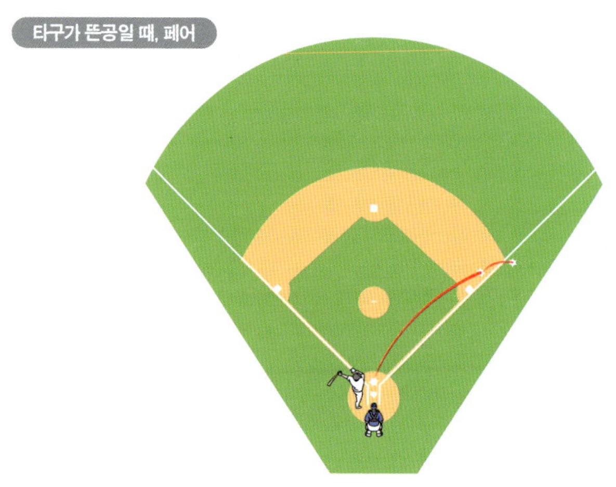

타구가 뜬공일 때, 파울

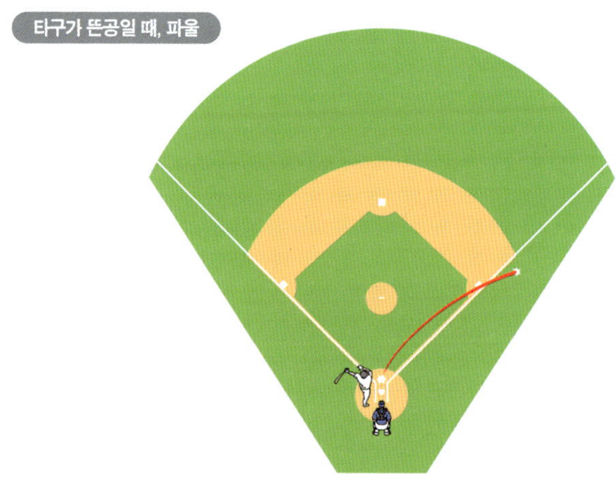

Q. 1루나 3루 쪽에서 내야 땅볼 수비를 할 때 유의해야 할 부분이 있을까요?

앞에서 설명했듯이, 공이 베이스를 지나가기 전에 파울 라인을 넘어가면 파울이고, 베이스의 끝부분에라도 닿은 뒤에 라인을 넘어가면 이건 페어예요. 이 공이 페어냐 파울이냐를 판단하는 게 굉장히 중요합니다. 결국 다음 플레이까지 연결되거든요.

공이 3루 베이스를 지나기 전에 잡아서 1루로 송구해도 타자를 아웃시킬 수 없을 거 같다면, 공이 파울이 되도록 굴러가게 두는 게 좋아요. 반대로 아웃시킬 수 있다면 얼른 잡아서 송구해야죠!

실제로 2025 KBO 한국시리즈에서도 이 판단이 승부를 결정 짓는 하나의 키포인트가 됐어요. 5차전 3회, 한화의 공격으로 무사 주자 1, 2루 상황에서 문현빈 선수가 번트를 시도했는데, LG의 3루수 구본혁 선수가 일부러 공을 잡지 않고 파울을 유도했어요. 이걸로 투 스트라이크가 되면서 스리 번트 아웃 룰에 의해 사실상 번트를 대기 어려워졌고, 이후 문현빈 선수가 병살로 물러났어요. 이 흐름을 타고 LG가 무실점으로 이닝을 마무리했죠. 결국 이 판단이 LG가 우승하는 데 큰 역할을 했다고 봅니다.

주루방해 vs. 수비방해

- **주루방해:** 수비수가 공을 처리할 권리가 없는 상황에서 주자의 움직임을 방해한 경우.

수비수가 무릎으로 베이스를 막아 주자가 베이스를 터치할 수 없도록 방해한 경우

- **수비방해:** 타자나 주자가 수비 행위를 방해한 경우. 주루방
  해와 수비방해 모두 어느 쪽이 권리를 가지고 있었느냐가
  판정의 핵심 기준이 된다.

Q. 주루방해를 당한 경험이 있나요?

 사실 주루방해와 수비방해는 한 끗 차이예요. 센스 있는 선수들은 영리하게 이 상황들을 헤쳐 나가요. 내가 일부러 부딪혀서라도 주루방해(혹은 수비방해)를 얻어내야 할지 판단을 해야 하거든요. 어떤 상황에 볼이 어떻게 왔을 때, 주자와 수비수 중 누구한테 우선권이 있는지만 판단하면 주루방해나 수비방해를 얻어낼 수 있는 포인트가 굉장히 많아요.

만약 주자가 다음 베이스로 뛰어가는데, 수비수가 라인에 걸쳐 있다면 일부러 부딪혀서라도 가야 하는 경우가 있어요. 부딪혀도 일어나서 다시 뛰면 이 선수가 계속 뛰려는 의지가 있었다고 판단해서 주루방해를 얻고 한 베이스를 더 갈 수 있게 되는 거죠. 반면에 부딪혔다고 거기서 멈추면, 그건 스톱이에요.

사실, 15~20년 전만 해도 베이스를 몸으로 막거나 주자의 진로를 방해하는 일이 다반사였습니다. 예전에는 지금처럼 주루방해와 수비방해에 대한 룰 자체가 강하지 않았거든요. 하지만 지금은, 예를 들어 정근우가 2루 수비 시 다리를 이용해 주자의 진로를 막는다면, 바로 VAR로 엄격하게 판단합니다. 관련 규정도 훨씬 강화됐어요. 그래서 다들 웬만하면 룰 안에서 벗어나지 않으려고 노력하고 있죠. 예전보다는 주루방해나 수비방해 같은 상황들이 덜 만들어지고 있습니다.

3 VAR은 언제, 왜, 어떻게?

- **VAR이 가능한 상황**: 홈런, 페어/파울, 아웃/세이프, 포스 아웃, 태그 아웃, 캐치 여부, 체크 스윙 등의 판정이 필요할 때.
- **VAR 절차**: 심판의 판정에 동의하지 못할 경우 감독이 요청. 리플레이 센터에서 확인 후 최종 판정이 내려진다. 한 경기에 각 팀당 2회까지 VAR 요청이 가능하며, 2번 모두 판정 번복에 성공하면 1번의 기회가 추가로 주어진다.

VAR을 신청하는 사인

VAR 판독 결과를 확인하는 심판

Q. KBO 리그에 VAR이 처음 도입되었을 때, 리터치는 판독 대상이 아니었다고 들었어요.

 리터치는 제 덕분에 비디오 판독 대상이 됐죠. 2020년 LG 트윈스에서 선수 생활을 할 때였습니다. KT 위즈전에서 제가 3루 주자였는데, 타자가 짧은 외야 플라이를 쳤습니다. 희생 플라이로 득점할 수 있는 기회였기 때문에 리터치 플레이로 홈에 들어갔으나 심판은 아웃을 선언했습니다. 우익수의 포구보다 3루에서의 리터치가 더 빨랐다고요.

경기 후 오심 논란이 불거진 끝에 결국 명백한 오심이라고 인정받았지만, 경기가 끝난 후였잖아요. 그날 경기를 이겨서 다행이지, 졌으면 정말 억울했을 것 같습니다. 그 이후로 리터치도 비디오 판독을 할 수 있게 됐습니다. 제 플레이가 KBO 리그의 룰을 바꾸는 데 지대한 영향을 준 거죠. 저 좀 대단하지 않나요?

병살을 피하기 위해서 주자가 멈추거나 늦게 뛰면 안 되나요?

- 타자가 타격한 후 강제 진루 상황이 되면, 주자는 베이스에 그대로 멈춰 있어도 포스 아웃이 되므로 병살을 피할 수 없다. 오히려 타구와 동시에 전력으로 뛰어 다음 베이스로 진루해야 병살 가능성을 줄일 수 있다.

타자가 땅볼을 쳤을 때

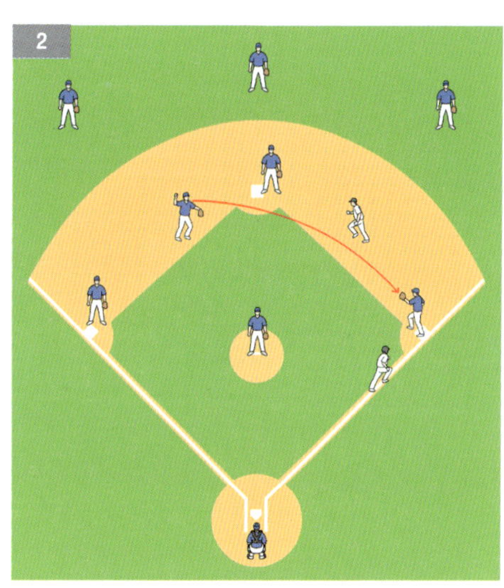

수비수가 땅볼을 잡아 1루로 송구, 타자 아웃!

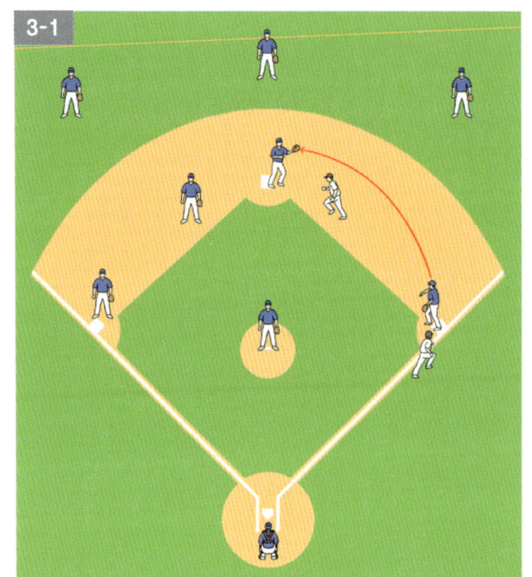

[병살○] 1루수가 2루로 송구. 1루 주자가 진루하지 못해 그대로 포스 아웃!

[병살×] 1루수가 2루로 송구. 그 사이 1루 주자가 전력 질주 후 슬라이딩으로 2루 진루 성공!

Q. 병살 상황에서 공격과 수비가 어떤 선택을 할 수 있나요?

 병살을 잡는 것도, 병살 상황에서 살아남는 것도 결국 순간 적인 판단력, 센스에 달려 있어요.

자, 예를 들어서 타자가 2루 쪽으로 땅볼을 쳤다고 해봅시다. 주자는 1루에 있는데 발이 느리고, 타자는 발이 빠른 상황이에요. 이때 2루 수는 땅볼을 잡아서 주자를 태그하거나 2루 베이스를 밟아서 주자를 먼저 아웃시키고, 재빨리 1루로 송구해서 타자까지 아웃시키는 병살 을 만들 수 있어요.

반면에 공격 팀은 어떻게 해야 하느냐. 타자가 타격함과 동시에 주자 가 전력으로 뛰고 슬라이딩을 해서 수비의 송구나 태그를 어렵게 만 들어야 해요. 선수들이 막 거침없이 슬라이딩 하는 이유가 수비 팀이 태그하기 어렵게 만들어서 다음 플레이를 지연시키기 위해서거든요. 이것도 일종의 팀플레이죠. 타자 주자라도 살려야 하니까요!

그러면, 수비 팀은 또 어떤 플레이를 해볼 수 있느냐. 2루수가 시야를 넓혀서 1루(타자)부터 아웃시키고 주자는 런다운 상황을 만들어서 병살을 완성할 수도 있죠.

이렇게 같은 병살 상황이라도 여러 플레이가 가능하기 때문에, 공격 과 수비 모두 찰나의 판단력이 굉장히 중요합니다.

심판은 몇 명이고, 어떤 역할을 하나요?

- **심판의 수**: 정규 시즌에는 한 경기당 총 4명의 심판이 필요 (대기심 1명). 포스트 시즌에는 외야 심판 2명이 추가되어 총 6심 체제로 운영하기도 한다(대기심 1명).
- **심판의 역할**: 주심, 1루·2루·3루 심판. 각 심판은 자신의 구역과 책임이 명확히 나뉘며, 판정 정확도를 높이기 위한 협업도 이뤄진다. 주심은 주로 스트라이크/볼, 타자 아웃 여부를 판단한다. 1루·2루·3루 심판은 주로 주자 아웃/세이프, 타구 등을 판단한다.

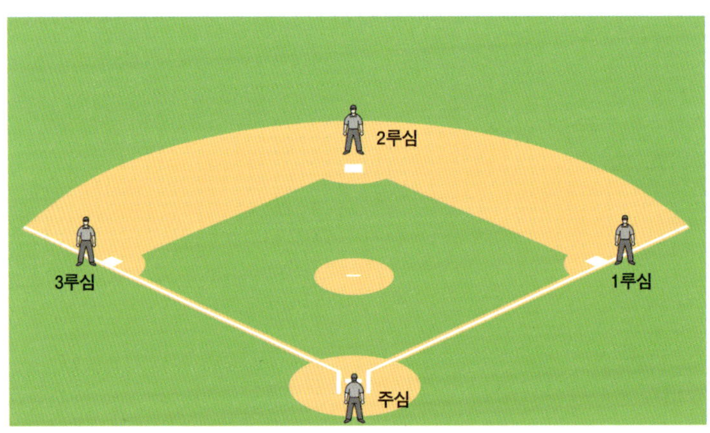

Q. 경기 중 심판과 인사를 나누는 모습이 자주 보여요. 심판진과의 사이는 좋은 편이었나요?

 아무래도 동방예의지국이다 보니까, 타석에 들어가면 심판과 상대 포수한테 간단하게 인사를 건네는 게 기본 경기 매너예요. 더군다나 KBO 리그는 심판이 야구 선수 출신인 경우가 많아요. 야구인 선배라는 인식이 강해서 자연스럽게 인사를 하곤 하죠. ABS가 도입되기 전에는 솔직히 "좀 더 잘 봐주세요~" 하는 마음으로 인사를 하는 것도 있었어요. 그리고 웃는 얼굴로 인사하면 일단 서로 기분이 좋잖아요!

물론 경기를 하다 보면 심판 판정에 불만이 있을 경우 항의하거나 다툴 때도 있습니다. 하지만 야구 선수 생활을 오래 해야 하니까 앞으로도 계속 그 심판분들을 볼 거 아니에요? 그래서 "제가 저번엔 실례했죠~" 하면서 먼저 살갑게 인사를 건네기도 하고 대체로 무난하게 지냈어요. 사실 심판분들께 사죄드린 적이 정말 많습니다. 이것도 일종의 사회생활이에요. 경기는 경기일 뿐이니까, 그다음 날 바로 "죄송합니다.", "어, 그래. 나도 미안하다." 하면서 서로 빠르게 사과했죠. 빨리 풀지 않으면 생각보다 오래가요.

6 홈 플레이트 충돌 금지 룰

- **홈 플레이트 충돌 금지 룰:** 주자가 홈으로 들어올 때 포수와 과도하게 충돌하는 것을 금지하는 규칙. 선수의 부상 방지를 위해 2014년부터 메이저 리그와 KBO 리그 모두 시행 중이다. 포수는 공이 없을 때 베이스를 막을 수 없으며, 주자는 불필요한 충돌 행위를 할 수 없다. 이 규칙 덕분에 부상 위험이 줄고, 보다 안전한 플레이가 가능해졌다.

Q. 이 룰이 없을 때는 위험한 상황이 많았다고 들었어요.

아~ 정말 위험하죠. 우리나라 야구는 덜한 편이지만, 미국 야구만 봐도 심각합니다. 마치 아이스하키 하듯이 달려들잖아요. 전속력으로 달려와서 가만히 있는 사람한테 부딪치는 거니까, 그럼 포수는 기절을 한다니까요?

제가 2013 WBC에 출전했을 때 1라운드에서 네덜란드와 만났는데요. 네덜란드 대표팀에 앤드루 존스라는 선수가 있었어요. (지금은 2026 WBC 네덜란드 대표팀의 감독이죠.) 정근우가 2루수로 수비를 보는 상황이었는데, 1루 주자였던 이 선수가 2루에 들어오면서 저를 그냥 밀어버린 거예요. 그게 몇 미터가 날아간 거야? 얼마나 세게 밀어버렸는지 그 당시 기억이 잘 안 나요. 주자가 진루할 때도 이러는데 홈에서는 얼마나 더 심하겠어요? 그렇기 때문에 선수들의 부상을 막고자 홈 플레이트 충돌 금지 룰이 생긴 겁니다.

7 투수 보크? 피치 클락?

- **투수 보크(Balk)**: 주자가 있는 상황에서 투수가 규정을 어긴 투구 또는 견제 동작을 했을 때 심판이 선언하는 반칙. 보크가 선언되면 누상의 주자가 모두 한 루씩 진루한다. 투수가 투구 동작 도중 멈추는 경우, 투수가 세트 포지션에서 완전히 멈추지 않은 채 투구하는 경우, 투수가 견제 동작을 하면서 실제로 송구하지 않거나 규정에 맞지 않는 견제 동작을 하는 경우, 투수가 투구 동작을 시작한 것으로 판단된 이후 공을 던지지 않고 사인을 다시 확인하는 경우 등이 보크에 해당한다.

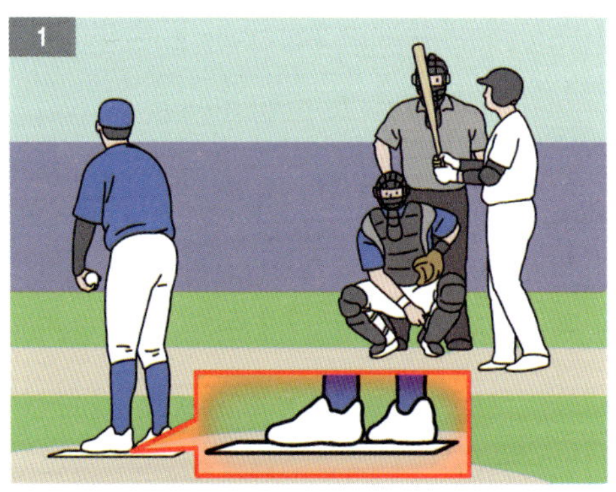

플레이트를 밟은 채 포수의 사인을 체크하는 투수

2루 주자의 위치를 확인하는 투수

투구 동작을 취하다가 몸을 숙여 사인을 다시 체크하는 투수. 보크 발생!

- **피치 클락(Pitch Clock)**: 투수와 타자의 준비 시간을 제한하는 제도. 투수는 누상에 주자가 없을 때 20초, 주자가 있을 때 25초 안에 투구해야 한다. 타자도 8초가 표기된 시점에 타석에 들어가 타격 준비를 마쳐야 한다.

Q. 투수 보크에 대해 더 이야기해 준다면 어떤 게 있을까요?

 투수 보크는 한마디로 '기만하는 행위'예요. 정상적인 플레이로 이뤄져야 하는데, 투수가 타자를 속여서 공을 못 치게 만든다거나, 주자를 견제해서 아웃시키기 위해 기만하는 동작을 했을 때 등이 포함됩니다.

그런데 보통 자기만의 루틴이 있는 투수들은 보크가 잘 안 나와요. 그래서 어느 상황에서 보크가 나오는지도 중요해요. 투수가 투구를 준비하는 과정에서 실수로 발이 걸리거나, 긴장해서 보크가 나올 수도 있거든요.

긴장한 게 티가 나는 선수들은 흔들리는 게 동작에서 보이니까 타자나 주자들이 이걸 이용하는 편이에요. 그러면 투수는 심적으로 더 동요하기 때문에 보크가 많이 나올 수밖에 없죠. 투수는 타자에 집중하고, 평정심을 유지하고, 마인드 컨트롤을 잘해야 해요.

아, 이런 경우도 있어요. 만약 투수가 투구를 할 때 보크가 선언된 경우, 타자는 이 공을 쳐도 됩니다. 타격해서 홈런이 나오면 홈런으로 인정돼요. 안타를 쳐도 안타가 인정되고요. 그런데 삼진을 당하면 그냥 투수 보크로 처리돼서 주자들이 한 베이스씩 진루하죠. 왜냐하면 투수가 편법을 썼기 때문에 그에 대한 핸디캡이 적용되는 거예요.

데빌점's Comment

　제가 어릴 때는 야구 룰 공부를 정말 많이 했어요. 그런데 요즘은 룰을 다 숙지하지 못한 채 경기에 나가는 선수들이 상당히 많아서 좀 아쉽습니다.

　자, 선수가 야구 룰 익히는 게 왜 중요하냐면, 이 룰을 얼마나 잘 알고 있느냐에 따라 어떤 상황이 만들어졌을 때 내가 '어떻게 해야겠다'라는 걸 판단할 수 있기 때문이에요. 그러면 좀 더 과감하고 정확하게 플레이할 수 있거든요. 우리 젊은 선수들이, 엘리트 야구 선수들이 야구 룰 공부를 열심히 해서 실제 경기에서 벌어지는 다양한 상황들을 본인 걸로 잘 만들고 잘 플레이하면 좋겠습니다.

　우리 야구 새싹 여러분은 제가 앞에서도 말씀드렸지만, 따로 야구 룰을 공부하려고 하지 마세요! 그냥 야구장에 찾아가서 재미있게 경기를 보고, 궁금한 부분이 생기면 정근우의 책을 찾아보면 됩니다! 그런데 여기까지 읽고 고개를 끄덕끄덕하면서 다 이해를 했다면, 당신은 야구 새싹이 아니라 야구 박사입니다. 굉장히 어려운 내용들이거든요? 야구 새싹 졸업하세요!

PART 5
알면
알수록
더 빠져드는
야구
TMI

경기에서 〈돌멩이〉를 처음 쓴 날, 타석에 들어
갔을 때 일부러 투 스트라이크까지 최대한 시
간을 끌었다가, 마침 "굴러~ 난 굴러간다~"
하고 클라이맥스가 나올 때 딱, 2루타를 쳤습
니다. 하하하.

 **1 우리 팀은 어디?**

- **구단별 연고지 및 경기장**: KBO 리그에는 2025년 기준 총 10개
의 구단이 존재하며 각 구단이 연고지를 두고 지역 기반으
로 운영된다.

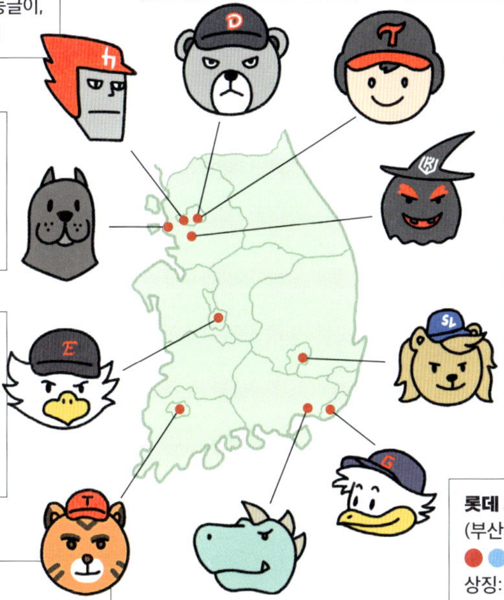

두산 베어스
(잠실종합운동장야구장)
상징: 곰
마스코트: 철웅이, 베밀리
(베글이, 베망이, 베공이)

LG 트윈스
(잠실종합운동장야구장)
상징: 쌍둥이
마스코트: 럭키, 스타

키움 히어로즈
(고척스카이돔)
상징: 영웅
마스코트: 턱돌이, 동글이,
돔돔이, 슈퍼 돔돔이

KT 위즈
(수원KT위즈파크)
상징: 마법사
마스코트: 빅, 또리

SSG 랜더스
(인천SSG랜더스필드)
상징: 상륙자
마스코트: 랜디, 푸리, 배티

삼성 라이온즈
(대구삼성라이온즈파크)
상징: 사자
마스코트: 블레오, 핑크
레오, 레니, 라온

한화 이글스
(대전한화생명볼파크)
상징: 독수리
마스코트: 위니, 비니,
수리, 후디

롯데 자이언츠
(부산사직종합운동장야구장)
상징: 거인
마스코트: 누리, 아라, 피니, 윈지

KIA 타이거즈
(광주KIA챔피언스필드)
상징: 호랑이
마스코트: 호걸이, 호연이, 하랑이

NC 다이노스(창원NC파크)
상징: 공룡
마스코트: 단디, 쎄리

2 등번호의 의미와 등번호 정하는 방법

- **번호 부여 방법**: 과거에는 투수 1번, 포수 2번 등 포지션별로 등번호가 정해져 있었으나, 현재는 선수 개인에게 의미 있는 숫자나 선호에 따라 선택. 팀 이적 등의 이유로 여러 선수가 서로 원하는 등번호가 겹친다면, 선수들끼리 상의해서 번호를 양보하고 양보받는다. 신인 선수의 경우 남아 있는 번호를 받는 경우도 있다.

- **번호 전쟁**: 스타 선수를 상징하는 번호는 후배들이 탐내기도 한다. 따라서 유명 선수가 다른 구단으로 이적할 경우, 그

번호를 누가 물려받을지 종종 이슈가 된다.

- **영구결번**: 데뷔부터 은퇴까지 한 구단에서만 헌신한 선수(원 클럽맨), 현역 시절 최고의 활약을 선보인 선수, 팀의 우승에 기여한 선수 등 팀에 커다란 공헌을 한 선수가 은퇴할 경우 이를 기리기 위해 팀에서 해당 선수의 등번호를 영구히 사용하지 못하게 하는 제도. KBO 리그 기준 가장 최근에 등록된 영구결번은 롯데 자이언츠의 10번 이대호 선수이다(2022년 9월 29일).

Q. 등번호 8번은 어떻게 정한 건가요?

자, 등번호 얘기가 나와서 알려드리자면, 어떤 팀을 보면 유니폼 등판에 선수 이름은 없고 등번호만 있죠? 예전에는 등판에 선수 이름과 등번호가 함께 있으면, 개인을 알리기 위한 팀이라고 했어요. 반면에 선수 이름이 없고 등번호만 있으면 팀을 먼저 생각하는 팀이라고 얘기했고요. 그래서 아마추어 팀들을 보면 유니폼에 선수 이름이 있는 팀이 있고 없는 팀도 있는 거예요.

사실 야구 선수한테 등번호는 본인을 어필하는 수단 중 하나입니다. 그래서 어떤 선수는 사주를 봐서 정하기도 하고, 어릴 때는 부모님께서 정해주신 번호를 쓰기도 해요. 그런데 등번호는 고참 선수들부터

고를 수 있는 거니까, 어린 선수들은 대체로 남는 번호를 쓰죠.

저는 어릴 때 16번을 썼어요. 전 롯데 자이언츠의 16번 박정태 선수가 제 롤 모델이었기 때문에, 그 선수의 악바리 같은 정신을 배우고자 16번을 많이 달았죠. 그런데 프로에 입단하고 SK 와이번스에 갔더니 지금 두산 베어스의 김원형 감독님이 16번을 쓰고 계시더라고요. 선배님께 "저 번호 주세요!" 할 수는 없잖아요? 그때 남아 있던 번호가 8번, 47번이에요. 그리고 최정 선수(SSG 랜더스)와 정근우가 있었죠. 그런데 제가 덩치가 조그맣잖아요. 작은 덩치에 47번을 달면 안 어울릴 거 같아서 "정아 네가 47번 달아." 했죠. 그러면서 또 좋게 생각을 했어요. 16의 절반이 8이니까.

한화 이글스에서도 8번을 달았어요. '8'이 오뚝이를 닮았잖아요. '쓰러져도 일어난다. 오케이, 8번 가자.' 하고 계속 8번을 달았죠. 한화에서 8번을 달고 잘한 선수가 저밖에 없어요. 그래서 제가 팀을 이적할 때, 노시환 선수가 "선배님의 오뚝이 같은 마음을 본받아 제가 8번 달겠습니다." 하고 물려받았죠.

LG 트윈스에 갔는데 8번이 없는 거예요. 당시 김용의 선수(현 LG 트윈스 외야 수비 코치)가 8번을 달고 있었거든요. 용의는 제 대학교 후배예요. 강압적이지는 않았지만, "용의야 어떻게 할래?" 물었더니 "당연히 드려야죠." 해서 제가 8번을 달고, 용의가 5번을 달게 됐습니다. 용의한테는 보답으로 고가의 지갑을 선물했습니다.

# 독특한 응원 문화

- **라인업 송**: 각 팀이 경기 전 선발 선수 명단을 소개할 때 배경 음악으로 사용하는 응원가. 또는 응원석에서 팬들이 직접 선발 선수 명단을 호명하며 부르는 응원가이다.

- **등장곡**: 선수가 직접 선택하는 본인의 테마 음악. 투수가 마운드에 오르거나 타자가 타석에 들어설 때 해당 선수를 상징하는 음악이 흐른다. 자신의 스타일, 팬들과의 소통, 승부욕을 표현하는 수단이 되기도 한다. 팬들은 이 노래만 들어도 어떤 선수가 등장했는지 알 수 있다.

- **5회 클리닝 타임 이벤트**: 경기 중 5회 말이 끝난 뒤 그라운드를 정비하는 시간. 이때 마스코트 공연, 댄스 타임으로 대표되는 팬 이벤트 또는 음악 공연 등이 진행된다.

- **8회 육성 응원**: 8회 말, 응원단장이 마이크 없이 직접 육성으로 응원 유도. 경기 막판 분위기를 끌어올리는 전통적인 방식이다.

- **응원 막대**: 한때 팬들이 가장 많이 사용했던 기본 응원 아이템. 환경 보호를 위해 2022년을 끝으로 풍선 재질의 응원 막대는 사라졌다.
- **응원 배트**: 일회용품 사용을 줄이기 위해 플라스틱 재질로 만든 야구 배트 모양의 응원 도구.
- **페이퍼 스틱스**: 환경 보호를 위해 플라스틱 대신 종이로 만든 응원 도구.
- **클리퍼**: 위아래로 흔들면 마치 박수를 치는 것처럼 짝! 짝! 짝! 소리가 나는 응원 도구. COVID19 시국 당시 육성 응원을 대신하기 위해 도입되었다.
- **응원봉**: K-POP 아이돌의 응원 문화에서 차용한 응원 도구.

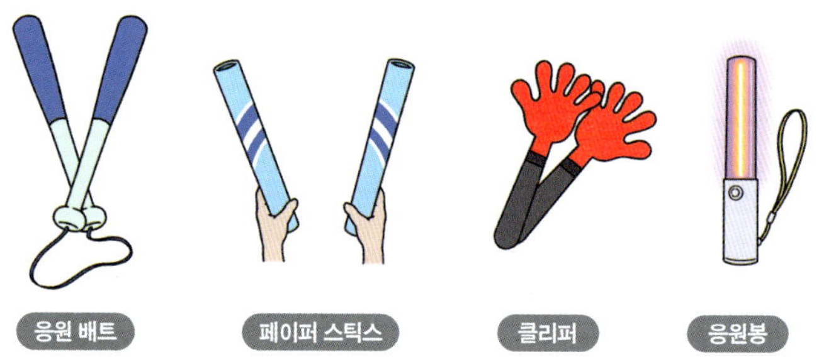

Q. 응원 문화나 응원 도구들이 많이 바뀌었는데 어떤 게 가장 신기했나요?

 사실 어떤 특정 응원 문화가 신기하다기보다, 각 구단이 가지고 있는 모든 응원 시스템 자체가 신기해요. 「불꽃야구」만 봐도 신기한데, 우리 팬분들이 다 같이 응원에 참여하는 모습이 정말 멋있어요. 내가 좋아하는 팀을 응원하기 위해 야구장에 오고 응원 도구며 굿즈(MD)를 사는 거는 이제 당연한 시대가 됐고, 처음 보는 사이지만 좋아하는 팀이 같다는 이유만으로 하나가 되어 응원에 참여한다는 자체가 굉장히 의미 있는 거 같아요.

아, 여름에 물놀이하는 건 정말 신기해요! 이게 야구장인지 워터파크인지 모르겠더라니까요? 물도 뿌리고, 물총도 쏘고~ 그걸 보고 있으면 같이 물도 맞고 싶고 부럽죠. 한편으로는 '경기의 승패를 떠나서 야구 자체를 즐기러 야구장에 오는 팬분들도 많이 늘어났구나.' 하는 생각도 했습니다.

그리고 예전에는 풍선형 응원 막대든, 비닐봉투(롯데 자이언츠의 상징적인 응원 도구)든 한 번 쓰고 다 버리고 갔잖아요. 그런데 이제는 응원봉, 짝짝이(클리퍼), 머리띠 등 응원 도구를 잔뜩 챙겨와서 신나게 응원을 하고, 경기가 끝나면 다시 소중하게 챙겨 가는 이런 모습도 참 신기해요. 야구장에 쓰레기도 줄어드니까 훨씬 보기 좋고요.

별명이 많아서 별명이 '별명'인 선수가 있다?

[은퇴한 선수]

이승엽: 라이온킹(삼성 라이온즈에서 활약했기 때문이다.)

박용택: 사직택(부산사직종합운동장에서 롯데 자이언츠와 경기를 할 때 특히 성적이 좋았다.), 용암택, 욕망택

정성훈: 야천(야구 천재)

이택근: 택근브이(발음이 비슷한 캐릭터 '태권브이'에서 유래했다.)

김태균: 김별명(별명이 너무 많아서 김'별명'이 되었다.)

이대호: 조선의 4번 타자, 수비요정

추신수: 추추 트레인('멈추지 않고 달리는 기차'처럼 뛰어난 주루 플레이를 보여준 데서 유래했다.)

오승환: 돌부처(어떤 위기 상황에서도 포커페이스를 유지하는 강한 멘털을 가진 선수라는 뜻이다.)

김강민: 짐승

정근우: 악마의 2루수, 데빌정

김재호: 국천유(국가대표 천재 유격수)

박병호: 하늘이 내려준 4번 타자

[현역 선수]

박해민: 수비의 심장

오지환: 오지배(잘할 때든 못할 때든 경기를 지배한다고 해서 오'지배'가 되었다.)

홍창기: 창기코인(잠재력이 높아 계속 기용하면 크게 활약할 거라는 믿음에서 유래했다. '창기코인' 유니폼이 출시되기도 했다.)

문보경: 문보물

양의지: 곰의 탈을 쓴 여우, 잠실 푸바오

정수빈: 잠실 아이돌

조수행: 포르쉥(포르쉐+조수'행', 빠른 발로 도루 성공률이 높은 데서 유래했다.)

김택연: 어신택(2024 시즌 '어차피 신인왕은 김택연'의 줄임말, 실제로 신인왕이 되었다.), 망무리(두산 베어스 컬래버레이션 캐릭터 망곰이+마무리)

원종현: 할매('원' 씨 성을 가졌다고 해서 원할머니보쌈에서 할매
를 따왔다.)

서건창: 서교수(온라인 커뮤니티에 '서건창이 왜 이리 잘하냐'는
글이 올라올 때마다 한 팬이 '서건창이 네 친구냐, 선생님이라고
불러라'라고 댓글을 단 데서 유래했다. 이후 서건창 선수의 성적
이 더 좋아지자 선생님에서 교수님으로 별명이 승진했다.)

임병욱: 히어로즈의 첫사랑

김태진: 구다주(NC 다이노스의 구단주인 김택진 대표의 이름과
유사하며, 거기에서 'ㄱ' 받침 하나가 빠졌다고 해서 '구다주'가
되었다.)

최정: 홈런 공장장

김광현: 광팔이(신인 시절 선배 선수들이 지어준 별명, 선수 본
인이 SNS 계정으로도 변형하여 사용하고 있다.)

기예르모 에레디아: 얼쑤(이름과 '에헤라디야~'의 발음이 비슷한
데서 유래했다.)

최지훈: 짱지훈, 아기짐승

고영표: 장안문 지킴이, 고퀄스(꾸준하게 활약하며 퀄리티 스타트를 이어왔다는 데서 고'퀄스'가 되었다.)

권동진: 알감자(한 팬이 사진을 보고 '알감자 같다'고 댓글을 단 데서 유래했다.)

오원석: 수원석(수원+오원'석'), 오보석

안현민: 케릴라(KT+고릴라)

한화 이글스

류현진: 괴물, 코리안 몬스터

노시환: 노짱(노시환 짱)

문동주: 대전 왕자(한화 이글스의 연고지가 대전이기 때문이다.)

정우주: 정직모(머리카락이 직모라서 정'직모'가 되었다.), 정유니버스

KIA 타이거즈

양현종: 대투수

김태군: 김별명('김별명' 김태균 선수의 이름보다 한 획이 적다고

해서 별명에서도 한 획을 빼서 '김별멍'이 되었다.)

김도영: 도니살('도영아 니 땀시 살어야'의 줄임말)

윤영철: 볼빨간 영철이

김태근: 김별밍('김별멍' 김태군 선수의 이름보다 한 획이 적다고
해서 별명에서도 한 획을 빼서 '김별밍'이 되었다.)

르윈 디아즈: 대구 홈런왕

원태인: 푸른 피의 에이스(삼성 라이온즈의 팀 색상이 푸른색이
기 때문이다.)

김영웅: 김키움(이름이 '영웅'이라 키움 히어로즈 팬들에게도 인
기가 있다.)

박건우: 창원시장(경기력이 좋을 때 창원을 주고 싶은 팬들의 마
음을 담았다.)

권희동: 육각동(육각형 선수+권희'동', 여러 능력이 고루 발달한
선수라는 의미를 가지고 있다.)

김휘집: 집집이(김혜성 선수가 붙여준 애칭으로 자연스럽게 팬

166

들에게도 퍼졌다.)

김주원: 우주(우리 주원), 창원 아이돌

김원중: 시뻘중(시뻘겋다+김원'중', 경기가 잘 안 풀리면 얼굴색이 시뻘게진다는 데서 유래했다.)

빅터 레이예스: 예승이(레이예스의 한국식 이름, 팬들이 애칭으로 사용한다.)

황성빈: 마황(마귀처럼 집요하고 끈질기게 플레이하는 스타일과 선수의 성을 합쳐 '마황'이 되었다.)

박준우: 사직 카리나(2024 퓨처스 리그 올스타전에서 걸그룹 에스파의 멤버 카리나 분장을 하고 퍼포먼스를 한 것이 화제가 되었다.)

Q. KBO 리그에는 수많은 별명을 가진 선수들이 많은데요, 본인의 별명에 만족하시나요?

저는 제 별명, '악마의 2루수'가 너무 마음에 들어요! 별명 지어주신 분께 감사합니다!

기본적으로 팬이 많아지면 그만큼 별명도 많아지는 것 같아요. 또는 야구를 엉뚱하게 하거나 기복이 심한 선수들도 별명이 많고요. 선수들의 별명이 계속 늘어나는 걸 보면, 팬분들 입장에서는 이게 하나의 재미 요소인 것 같습니다. 새로운 별명이 붙었을 때 그에 따른 선수들의 반응을 보는 것도 좋아하시더라고요.

용택이 형은 욕망택부터 무슨무슨 택으로 끝나는 별명이 계속 생기는데, 이것도 다 팬분들의 애정이라고 생각해요. 특히 사직택 같은 경우는 부산 사직구장에서 경기할 때 실제로 자신감이 엄청 올라올 겁니다.

'조선의 4번 타자' 이대호도 마찬가지입니다. 얼마나 멋진 별명이에요? 팬분들이 스케치북에 이렇게 써서 들고 계신 걸 보면 타석에 설 때마다 절로 기운이 날 수밖에 없죠.

Q. 선수분들끼리 부르는 별명이 있다면 몇 가지 소개해 주세요.

제가 「불꽃야구」를 하면서 박재욱 선수한테 지어준 별명이 있어요. '스윙칩'인데요. 타석에 나가면 쓸데없이 스윙만 해서 그렇게 불렀어요. 그랬더니 이제는 공을 너무 신중하게 보느라 스

윙을 안 하더라고요. 차암. 선수에게 붙여주는 별명이 이렇게 영향을
주기도 한다는 얘기죠.

선수들끼리 부르는 제 별명도 있어요. '달짜'예요. 이유는 다리가 짧
아서…. NC 다이노스 이호준 감독님이 저를 "야 달짜야~"라고 부르
십니다. 전부 공개할 수는 없지만 내부에서만 사용하는 재밌는 별명
들이 많아요.

 **징크스의 게임, 야구**

- **야구 불문율**: 야구에는 눈에 보이지 않는 비공식 규칙이 존재한다.

"큰 점수 차에서 과한 세리머니를 하지 않는다."

"상대 실수를 노골적으로 조롱하지 않는다."

"노 히트 노 런 중인 투수에게는 말을 걸지 않는다."

"기록을 이어가는 중일 때, 직접적으로 해당 기록에 대해 언급하지 않는다."

"투수가 완봉, 대기록 중일 때는 교체를 말하지 않는다."

Q. 도루와 관련된 불문율이 있다고요?

큰 점수 차가 날 경우, 이기고 있는 팀은 7회 이후부터 도루를 하지 않는 것이 불문율이에요. 옛날 선수협에서 정한 거죠. 하지만 감독님의 스타일에 따라, 이런 상황에서도 도루 사인을 내시기도 해요. 만약 이 사인을 무시하고 불문율을 지키면 그건 감독 지시 불이행이 돼요. 이런 룰 때문에 다툼이 일어난 적도 많죠.

그런데 이기고 있던 팀의 마무리 투수가 컨디션이 안 좋을 수도 있잖아요? 그러면 막판에 역전을 당해 결국 경기에서 패할 수도 있는 거니까, 이런 불문율은 좀 없앴으면 좋겠습니다. 큰 점수 차가 나고 있더라도 경기가 끝날 때까지는 모두 최선을 다하는 게 맞죠~

야구 불문율에 대해 최대한 많이 개선하려고 노력들을 하고 계신 걸로 알고 있는데요. 이런 경우처럼 여전히 아쉬운 부분도 있어요.

- **선수들의 루틴:** 일부 선수는 항상 같은 양말, 같은 타격 장갑, 같은 타석 루틴을 유지한다. 심리적 안정감이나 집중력을 위해 반복되는 습관을 지키는 경우가 많다.

- **우승 구단의 징크스:** 특정 구단은 한국시리즈 우승 이후 다음 시즌 성적이 급격히 떨어지는 징크스를 겪기도 한다. 팬들 사이에서는 일종의 밈처럼 회자되기도 한다.

Q. 혹시 징크스가 있나요?

사실 징크스는 모든 선수들이 다 가지고 있는데요. 정말 심하다 싶은 선수들도 있어요. 예를 들어서, 경기 날에는 경기장으로 운전해서 올 때, 속도도 경로도 똑같이 그대로 오는 선수가 있었어요. 과할 정도로 징크스가 센 거죠.

또 어떤 선수는 달걀을 10개씩 먹는다거나 단백질을 많이 섭취해야 경기를 잘 뛰고, 어떤 선수는 밥을 많이 먹어야 잘하는 등의 징크스가 있기도 해요. 반면에 저는 오히려 배가 부르면 집중이 잘 안 돼서 김밥을 낱개로 2개 정도만 먹고 에너지 드링크를 마시고 경기를 뛰었던 적도 있어요.

저는 선수 시절, 전날 입었던 속옷이나 연습 때 입은 옷을 경기 때 입는다거나 배팅 장갑이 전날 잘 맞았으면 다시 낀다든지 하는 일반적인 징크스들이 있었어요. 그런데 「불꽃야구」를 하고 있는 지금도 징크스가 있는 거 같아요. 안타 칠 때 꼈던 장갑이나 방망이를 바꾸기 싫고, 경기 날 1등으로 출근했는데 결과가 좋으면 계속 1등으로 출근하고 싶고 뭐 그런 거죠.

아~ 그리고 우리 김성근 감독님이 정말 징크스가 많으세요. 연승하고 있을 때의 루틴을 그대로 따르시거든요. 경기 전 선수들 웜업 때 그라운드에 안 들어오신다거나, 경기 종료 후 클로징 촬영에 참여하지 않고 먼저 퇴근하시거나, 셀 수도 없어요. 다행히 스태프분들이 다 알고 계시기 때문에 이제는 제가 신경 쓰지 않아도 될 것 같고, 저는 야구만 잘하면 되죠.

 **비가 많이 오면 경기를 못 한다고?**

- **우천 취소(Rainout)**: 야외 구장의 경우 비가 일정 기준 이상 내리면 경기를 취소한다. 이는 5회 말까지 경기가 진행된 뒤 악천후로 중단되어 해당 시점의 기록으로 결과를 확정하는 '우천 콜드 게임'과 달리, 경기 자체를 무효로 하는 '노 게임'을 선언하는 것이다. 선수들의 안전과 경기의 공정성을 위한 조치이다.

- **더블 헤더(Doubleheader)**: 취소된 경기를 보충하기 위해 하루에 두 경기를 치르는 방식. 체력 소모가 커서 팀 운영에 영향을 준다.

- **서스펜디드 게임(Supended Game)**: 경기 도중 중단되었으나 이후 다른 날 해당 경기 기록을 그대로 이어서 진행하는 것. 특히 이미 일정 이닝(5회) 이상 진행된 경우, 이 방식을 적용한다.

Q. 우천 취소에 관한 에피소드가 있다면 소개해 주세요.

 사실, 비 예보가 있는 날이면 아침부터 기상청에 들어가 일 기예보를 보면서 긴장을 했어요. 날씨를 확인하고, 오늘 경기 못 하는 거 아니야? 싶으면 몸을 최대한 안 풀었어요. 열심히 몸 풀고, 좋은 기록도 엄청 많이 냈는데 5회 전에 비가 내려서 모든 기록이 다 날아가면 속상하고 집중도 안 되니까요. 만약 우천 취소를 기대하면서 몸을 덜 풀었는데, 5회 전에 진짜로 우천 취소가 되면 쾌감이 장난 아닙니다. 선수들끼리 쓰는 은어로 참 맛있다고 해요.

우취(우천 취소). 그 맛이 참 좋았습니다. 원정 팀 선수들과 함께 식사를 하기도 했고요. 가끔은 가족한테는 연습하고 있다고 거짓말하고 친한 선수들이랑 몰래 당구장에 가기도 했어요. 다른 팀들은 경기하는데 우리는 특혜를 받은 느낌이었죠. 참 많은 추억들이 있습니다.

7 어디서든 야구는 계속된다

- **퓨처스 리그**: KBO 2군 리그. 신인 선수, 재활 선수, 경기 감각 회복이 필요한 선수가 출전한다. 팬 입장에서는 미래의 스타를 먼저 볼 수 있는 무대이기도 하다.

Q. 2군은 1군과 어떻게 다른가요?

제가 2군 경험이 많아요. 어릴 때도 갔었고, 잘하다가 부상 때문에도 갔었고, 막바지에는 야구를 못해서도 갔어요. 그래서 여러 구단의 2군 시스템과 분위기를 경험해 볼 수 있었죠.

SK 와이번스는 SK드림파크(2001~2006)라는 정말 좋은 환경의 2군 구장이 있었어요. 팀이 좋은 흐름을 타고 있던 시기라 2군 선수들끼리 굉장히 치열했고요. 살아남아서 1군에 가겠다는 욕심이 다들 강했고, 개인 훈련도 정말 많이 했던 기억이 납니다.

반면에 한화에서 2군에 갔을 때는 팀 성적이 안 좋았던 시기라 그런지, 성공에 대한 간절함을 보이는 선수보다는 시간을 허투루 보내는 선수들이 굉장히 많았어요. 그때 당시는 그런 분위기가 지배적이었던 거 같아요.

마지막으로 LG 트윈스의 2군은 1군의 시스템이 그대로 도입돼 있어서 선수들의 의지나 노력, 열정이 확실히 잘 보였어요. 1군과 2군을 오가는 선수들이 어떻게든 살아남으려고 노력하는 모습들을 보면서, '아 이래서 이 팀이 잘되는구나.' 생각했습니다. 그때 열심히 했던 선수들이 지금 팀의 중심이 되어 좋은 성적을 내고 있거든요. 그걸 보면 2군에서의 그 시간이 참 뿌듯하고 감사한 시간이다 하는 생각이 들어요.

이런 경험들을 종합해서, 어린 시절 특히 2군에서 보내는 시간이 얼마나 중요한지 꼭 말해주고 싶습니다. 누군가는 출발이 좀 늦더라도 나중에 성공할 수 있고, 누구는 좀 빠르게 성공하더라도 금방 무너질 수도 있거든요. 우리는 최대한 오랫동안, 성공이라는 단어 앞에서 열심히 야구를 해야 하기 때문에, 2군에서 보내는 그 시간들을 잘 준비해서 의미 있는 시간으로 만들었으면 좋겠습니다.

- **독립 리그**: KBO 리그와 별개로 운영되는 비소속 리그. 구단의 드래프트, 트라이아웃 등을 통해 KBO 리그 진출 기회를 얻기도 한다. 대학 진학 또는 프로 진출에 어려움을 겪거나, 프로에서 방출된 선수들이 다시 한번 KBO 리그 진출 기회를 만들고자 열심히 뛰고 있다.

Q. 독립 리그 소속 구단 중 눈여겨보고 있는 팀이 있나요?

2015년부터 김인식 감독님께서 쭉 이끌고 계신 '연천 미라클'이라는 팀을 주목하고 있어요. 「불꽃야구」에서 활약한 최수현 선수, 알바생 임태윤 선수도 연천 미라클 소속이죠.
아무래도 독립 리그는 야구를 하기에 환경적인 부분에서 부족한 점이 많아요. 경기를 할 수 있는 구장 자체도 부족하고요. 이런 어려움 속에서도 연천 미라클이 압도적인 우승을 차지하고 있거든요. 이건 순전히 김인식 감독님 덕분이라고 생각합니다. 저는 리더가 움직이지 않으면 선수들은 따라오지 않는다고 봐요. 김인식 감독님께서, 일흔이 넘으셨음에도 불구하고, 아직까지 배팅볼을 던지시고 열정적으로 지도하시는 모습을 보면서 '아, 감독님이 저렇게 하시는데 선수들이 어떻게 안 따라올 수가 있겠나?' 하고 생각했어요. 보고 있으면 느끼는 게 참 많은 팀입니다.

응원가 비하인드 몇 가지를 알려드릴게요.

SK 와이번스 시절 구단에서 만들어준 응원가가 있어요. 〈정근우 되고송〉이라고 음원도 있습니다. 검색해 보세요! "근우가 치면 안타가 되고~" 하는 곡인데 제가 직접 불렀습니다. 구단에서 그만큼 저를 사랑했다는 거죠~

한화 이글스로 이적하고 등장곡 "이글스의 정근우~"를 처음 들었을 때 조금 심심한 것 같았어요. 그때 한참 뮤지컬 〈오페라의 유령〉에 빠져 있었던 터라, 응원단장님께 응원가 앞에 〈오페라의 유령〉 같은 느낌이 들어가면 좋겠다고 말씀을 드렸죠. 그래서 "빰빰빰빰빰! 이글스의 정근우~"가 만들어졌답니다. 앞에 강한 박자가 들어가니까 느낌이 딱 살지 않나요? (뿌듯)

「불꽃야구」에서는 등장곡으로 제가 부른 〈돌멩이〉를 쓰고 있어요. 이 곡의 탄생 배경부터 설명드릴게요. 2013년에 FA로 팀을 옮겼는데, 그때 팬분들이 영상을 만들어주셨어요. 그 영상에 사용된 BGM이 〈돌멩이〉였고요. 노래도 좋고 가사도 좋아서 노래방에 가면 매번 부를 정도로 좋아하게 됐어요. 그 후로 우연치 않게, 양상문 감독님의 차남 결혼식에서 〈돌멩이〉의 원곡자인 마시따 밴드분들을 뵙게 됐고, 트로트 가수 박구윤 씨(지금은 엄청 친한 친구예요.)를 알게 되면서 건너건너 작곡가를 소개받아 정근우의 돌멩이가 탄생했습니다. 〈돌멩이〉는 제가 힘들 때마다 듣는 인생 노래예요.

「불꽃야구」에서 다른 선수들은 선수 시절 썼던 등장곡을 그대로 쓰는데, 저는 〈돌멩이〉가 저를 가장 잘 나타내는 곡이라고 생각해서 이걸 쓰겠다고 했습니다. 「불꽃야구」에서 〈돌멩이〉를 처음 쓴 날, 타석에 들어갔을 때 일부러 투 스트라이크까지 최대한 시간을 끌었다가, 마침 "굴러~ 난 굴러간다~" 하고 클라이맥스가 나올 때 딱, 2루타를 쳤습니다. 하하하.

최근 한국 프로 야구는 참 많은 사랑을 받고 있습니다. 이 인기가 잠시 스쳐 가는 붐이 아니라, 오랫동안 이어지기를 진심으로 바랍니다. 더 많은 팬 여러분이 야구장을 보다 편하게, 더 자주 찾을 수 있는 환경도 계속 만들어졌으면 좋겠습니다. 언젠가는 팀 수가 늘어나고 리그 규모도 한층 커져, 우리나라가 세계적으로 경쟁력 있는 야구 강국으로 자리 잡기를 기대해 봅니다.

또 이 책을 읽고 계신 여러분이 야구 룰을 쉽고 재미있게 이해하셨으면 합니다. 그 과정을 통해 야구가 여러분 인생의 즐거운 한 부분이 되길 바랍니다. 스트레스를 더하는 야구가 아니라, 함께 웃고 떠들며 추억을 쌓는 '좋은 기억'으로 남는 야구가 되면 좋겠습니다.

책을 집필하면서 저 역시 많은 것을 다시 배웠습니다. 선수 시절 알고는 있었지만 깊이 고민하지 못했던 디테일을 하나씩 정리하다 보니 이런 생각도 들었습니다. '조금만 더 일찍, 조금만 더 치밀하게 고민하며 야구를 했다면… 더 좋은 기록을 남기고, 더 많은 사랑을 받는 선수가 될 수 있었을까?' 하지만 동시에, 그 모든 시간이 있었기에 지금 이렇게 여러분께 야구 이야기를 전할 수 있다는 사실도 깨달았습니다.

무엇보다 글을 쓰는 내내 한 가지는 분명했습니다.
'아, 나는 정말 야구를 사랑했구나.'

앞으로도 야구계 발전에 보탬이 될 수 있다면 다방면으로 힘을 싣겠습니다. 지난 시간을 돌아보니, 결국 정근우는 확실히 야구인이더라고요. 앞으로도 야구 발전에 이바지하는 '야구인 정근우'가 되겠습니다.

그리고 마지막으로 한마디만 덧붙이자면… 저는 가끔 졸았지만, 여러분은 이 책 읽으실 때 졸지 마세요. (농담입니다. 웃음)

아, 그리고 KBO 리그에 젊은 여성 팬분들이 점점 늘어나는 모습을 볼 때마다 정말 감사한 마음이 듭니다. 어떤 문화든 젊은 세대가 함께할 때 더 크게 성장하고 오래 사랑받는다고 생각하거든요. 여러분의 응원과 관심이 한국 야구를 더욱 멋지게 만들고 있습니다.

야구 팬 여러분, 진심으로 감사합니다. 진심으로 사랑합니다. (찡긋)

펴낸날 초판 1쇄 2026년 3월 20일

지은이 정근우
사진 김동하

발행인 임호준
출판 팀장 정영주
책임 편집 박인애 | **편집** 조유진 김효정
디자인 김지혜 | **마케팅** 이규림 정서진
경영지원 박정식 유태호 신혜지 최단비 김현빈

인쇄 비피앤피

펴낸곳 비타북스 | **발행처** (주)헬스조선 | **출판등록** 제2-4324호 2006년 1월 12일
주소 서울특별시 중구 세종대로 21길 30 | **전화** (02) 724-7615 | **팩스** (02) 722-9339
인스타그램 @vitabooks_official | **포스트** post.naver.com/vita_books | **블로그** blog.naver.com/vita_books

ISBN 979-11-5846-459-2 13690

비타북스는 독자 여러분의 책에 대한 아이디어와 원고 투고를 기다리고 있습니다.
책 출간을 원하시는 분은 이메일 vbook@chosun.com으로 간단한 개요와 취지, 연락처 등을 보내주세요.

비타북스 는 건강한 몸과 아름다운 삶을 생각하는 (주)헬스조선의 출판 브랜드입니다.